ASPECTOS METODOLÓGICOS E ÉTICOS DO EXERCÍCIO NA CRIANÇA

Dados Internacionais de Catalogação na Publicação (CIP)
(Câmara Brasileira do Livro, SP, Brasil)

Delgado, Cesar Augusto
 Aspectos metodológicos e éticos do exercício na criança / Cesar Augusto Delgado "Cadel", Shirley J. G. N. Delgado. — São Paulo : Ícone, 2005.

 Bibliografia.
 ISBN 85-274-0839-2

 1. Educação física infantil 2. Exercícios físicos - Métodos 3. Natação I. Delgado, Shirley J. G. N.. II. Título.

05-6793   CDD-613.7042

Índices para catálogo sistemático:
1. Crianças : Aspectos metodológicos e éticos de exercícios : Educação física   613.7042

CESAR AUGUSTO DELGADO "CADEL"
SHIRLEY J. G. N. DELGADO

ASPECTOS METODOLÓGICOS E ÉTICOS DO EXERCÍCIO NA CRIANÇA

© Copyright 2005.
Ícone Editora Ltda.

Capa
Juliano R. Fanelli

Revisão
Autores

Digitação/Diagramação
Rejane Mota

Proibida a reprodução total ou parcial desta obra,
de qualquer forma ou meio eletrônico, mecânico,
inclusive através de processos xerográficos,
sem permissão expressa do editor
(Lei nº 9.610/98).

Todos os direitos reservados pela
ÍCONE EDITORA LTDA.
Rua Anhanguera, 56 – Barra Funda
CEP 01135-000 – São Paulo – SP
Tel./Fax.: (11) 3392-7770
www.iconelivraria.com.br
e-mail: iconevendas@yahoo.com.br
editora@editoraicone.com.br

DEDICATÓRIA

Dedicamos aos nossos filhos Caio Cesar
e Breno Augusto, que cresceram
participando dos ideais deste livro.

HOMENAGEM

Aos nossos pais Augusto e Selma, Luzia e José,
aos nossos irmãos Marcelo, Selma, Susane,
Sheila, Elisa, Wellington e Washington (in memoriam)

HOMENAGEM ESPECIAL

"Ao meu pai Augusto (in memoriam)
que me incentivou ao esporte desde
meus primeiros anos de vida."
Meu pai faleceu dia 10/05/2005.

AGRADECIMENTOS

À todas as crianças que passaram por nossos trabalhos e pudemos expressar os ideais deste livro, e aos pais que acreditaram sempre em nosso trabalho. A DEUS por ter nos dado a arte de escrever e expressar através de nosso trabalho o amor pela profissão e pelas crianças, e como já dizia JESUS "Deixai vir a mim as criancinhas pois delas é o reino do céu".

OS AUTORES

CESAR AUGUSTO DELGADO - CADEL

- Ex-nadador federado pela FARJ, RJ.
- Técnico de natação: Bi-campeão Brasileiro, Carioca, Mineiro, do Interior de Minas e do Rio, Pólo III e Troféu Mendes Jr., Torneio Sudeste e Copa Mercosul, Copa Petiz Rio, Campeão Estadual Petiz.
- Melhor técnico de natação do interior do Estado do Rio de Janeiro, pela FARJ em 1983.
- Professor de Educação Física pela Escola de Educação Física UNIFOA – Volta Redonda, RJ.
- Pós-graduado em Educação pela FERP – Volta Redonda, RJ.
- Pós-graduado em Natação pela EEF UNIFOA – Volta Redonda, RJ.
- Escritor da Coluna de Esportes Aquáticos do JORNAL DIÁRIO DO VALE de VOLTA REDONDA – Volta Redonda, RJ.
- Diretor administrativo da CADEL CAMPEÃO NATAÇÃO E HIDROGINÁSTICA – Volta Redonda, RJ.
- Coordenador e técnico da equipe principal do Clube Náutico e Recreativo Santa Cecília – Volta Redonda, RJ.
- Ex-técnico de natação do Botafogo de Futebol e Regatas, RJ.
- Técnico da equipe de natação do Club de Regatas Vasco da Gama /Sportech.
- Escritor dos Livros ESCOLA DE NATAÇÃO E HIDRO SPRINT 2000 e A PRÁTICA DA HIDROGINÁSTICA SPRINT 2001.
- Professor da Universidade Federal Rural do Rio de Janeiro (UFRRJ).
- Técnico de nadadora campeã sul-americana de natação.
- Técnico de atleta da seleção brasileira de natação.

SHIRLEY DE JESUS GOMES NOGUEIRA DELGADO

- Diretora de cursos de natação da Cadel Campeão natação e hidroginástica.
- Diretora de publicidade e marketing da Cadel Campeão natação e hidro.
- Professora da Cadel Campeão natação e hidro.
- Professora de personal training.
- Professora de Hidroginástica, coordenadora de curso e técnica da equipe Mirim e Petiz do Clube Náutico Recreativo Santa Cecília V. Redonda, RJ.
- Ex-técnica de natação do Botafogo de Futebol e Regatas.
- Técnica da equipe de natação do Club de Regatas Vasco da Gama/Sportech.
- Escritora do Livro A PRÁTICA DA HIDROGINÁSTICA SPRINT 2000.

ÍNDICE

APRESENTAÇÃO, 17

CAPÍTULO 1
INTRODUÇÃO, 19
- A criança não deve ter o treinamento de alto nível, 21
- Criança, ser aeróbico ou ser anaeróbico?, 23
- Trabalho mais intenso na criança, 26

CAPÍTULO 2
ASPECTOS FISIOLÓGICOS DO DESEMPENHO, 29
- A idade do treino, 29

CAPÍTULO 3
ASPECTOS TRAUMÁTICOS, 33
- A atividade precoce na infância, 33

CAPÍTULO 4
ASPECTOS PSICOLÓGICOS, 35
- Influências psicológicas da competitividade esportiva infantil, 35
- Influência psicológica na competição, 36

CAPÍTULO 5
A VITÓRIA NO ESPORTE, 39
- O alto preço das vitórias, 39
- Limites básicos desrespeitados, 40
- Dieta é inadequada, 41
- Quando o efeito se inverte, 42

- Pressões frustram a criança e criam rejeição ao esporte, 42
- Os cuidados, 43

CAPÍTULO 6
ASPECTOS DE APRENDIZAGEM MOTORA, 45
- Desempenho do potencial, 47

CAPÍTULO 7
A EVOLUÇÃO DA CRIANÇA, 49
- Características do desenvolvimento físico e aptidões, 53
- Características do desenvolvimento social, 54
- Características do desenvolvimento emocional, 57
- Características do desenvolvimento intelectual, 59

CAPÍTULO 8
A NATAÇÃO E A CRIANÇA, 67
- Nova natação infantil, 67
- A nova metodologia de aprendizagem em natação, 67
- Nadar deve ser uma atividade que gere prazer, 68
- Não se pode esquecer que a criança aprende brincando, 69
- A criança poderá aprender a pernada de golfinho, 70
- Metodologia da proposta construtiva, 71
- Em que idade se estabelece a melhor performance em natação?, 74
- Só para japoneses?, 77
- A competição e a criança, 78
- Papel dos adultos nas competições infantis, 82
- A síndrome da saturação esportiva, 82

CAPÍTULO 9
BIOLOGIA DO TREINO, 85
- Biologia do treino e do esforço das crianças e dos jovens, 85
- Desenvolvimento corporal e desenvolvimento do rendimento, 88
- O desenvolvimento do rendimento nas crianças e nos jovens, 91
- A capacidade de treino das crianças e dos jovens, 95
- Influência do desporto no desenvolvimento corporal das crianças e dos jovens, 96

CAPÍTULO 10
FORÇA MUSCULAR, 97
- A idade da força muscular e os fatores que influenciam na força muscular, 97
- Idade e sexo, 98
- Massa muscular × Força muscular, 101

CAPÍTULO 11
CONSIDERAÇÕES FINAIS, 103
- Conclusões e recomendações, 103
- Resumo, 107
- Abstract, 108

REFERÊNCIAS BIBLIOGRÁFICAS, 109

APRESENTAÇÃO

ASPECTOS METODOLÓGICOS E ÉTICOS DO EXERCÍCIO NA CRIANÇA

O propósito deste livro é analisar as limitações dos exercícios na criança, o desenvolvimento da criança com a atividade física, a importância da educação desportiva gradual, o atleta infantil e o esporte competitivo.

Todo estudo mostra que para evitar que a criança sofra qualquer prejuízo é importante que ela se desenvolva nos meios esportivos de acordo com o seu desenvolvimento motriz, mental e cronológico.

Esta análise deve servir de instrumento de apoio aos professores de Educação Física e Técnicos Desportivos.

Neste livro também procuramos colocar um capítulo especial para o desporto aquático principalmente a natação. Existem estudos e subsídios para se entender a natação competitiva e a criança. Devido a pouca quantidade de cientistas que estudam a criança e também as considerações éticas do estudo como pulsionar uma artéria, uma biópsia muscular ou exporem uma criança a ambientes hostis como frio, calor, altitudes elevadas etc...fazendo esse conhecimento sobre crianças ser limitado apenas sobre o sistema cardiopulmonar e estudo sobre lesões de origem músculo-esqueléticas, tentaremos neste livro conseguir esclarecer estes tópicos e ajudar órgãos, entidades e federações desportivas ligadas ao desporto infantil.

Capítulo 1

INTRODUÇÃO

Desenvolvimento: Processo de maturação, de diferenciação de tecidos e órgãos que são necessários à formação completa do indivíduo.

O desenvolvimento da criança poderá ser por:
1 – Idade cronológica
2 – Idade mental
3 – Idade motriz (idade do desenvolvimento motor)
4 – Idade do treino.

Nos Benefícios x Riscos da atividade física na criança devemos observar:

1 – Aspectos anatômicos do crescimento
2 – Aspectos psicológicos
3 – Aspectos psicossociais e emocionais
4 – Aspectos traumáticos.

Quando se trabalha na mesma intensidade com crianças e adultos, não se encontra medidas de diferenças, devido ao treinamento ou crescimento.

Adulto suporta quaisquer condições: frio, calor, altitude; púbere não (ODED BAR ORR 1982).

Crianças com 6 anos de idade que jogam tênis, o tempo todo, com um braço, depois de quatro anos ficam com o corpo assimétrico, com músculos, ossos maiores, compridos, longos e mais largos, desproporcionais, podendo ficar com defeito na coluna vertebral.

Crianças não se saem bem em prova de velocidade, mas na idade de 10 a 12 anos têm a sua explosão de velocidade, fase onde hormônios começam a atuar no organismo e influenciar no desenvolvimento. O púbere não deve fazer um só esporte, nunca se saberá se será um nadador ou um desportista, situa então a importância da familiarização com todos os esportes.

A resposta do hormônio do crescimento (GH) ao esforço é similar nos indivíduos. Encontra-se em crianças e adolescentes em diferentes estágios da puberdade; apresenta respostas idênticas ao GH do exercício, assim como o GH ocorre tanto em crianças como em adultos, não tendo relação com o crescimento somático. (TERJUNG 1979).

Deficiência do GH em crianças é uma das causas da baixa estatura e estímulos, podem ter validade clínica na confirmação do diagnóstico desta síndrome (ARAÚJO 1982).

GRÁFICO 1: VO_2 em função do desenvolvimento da criança VO_2

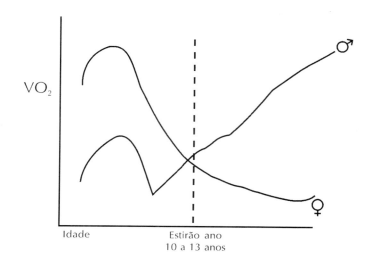

Quando novas as garotas são melhores que os garotos. As alemãs quando novas melhoram 25% nos 400 m rasos, quando usam anabolizantes.

Atletas masculinos não têm o mesmo desempenho.

A testosterona na mulher dá um bom desempenho quanto ao seu crescimento e a atuação do hormônio sexual feminino apesar de existir efeitos dos exercícios sobre a atuação na menarca, pubarca e telarca, é ainda desconhecido no momento a relevância fisiológica das respostas dos hormônios sexuais feminino ao exercício como se desconhece qualquer adaptação ovariana decorrente de exercício fisiocrônico. (ARAÚJO 1982)

A CRIANÇA NÃO DEVE TER TREINAMENTO DE ALTO NÍVEL

A criança deve conhecer primeiro os gestos e movimentos dos esportes que ajudará o seu desenvolvimento motriz.

Quanto mais novos, maior a capacidade de melhorar a adaptação física baixa; crianças com menos de 10 anos dificilmente melhoram a capacidade anaeróbica.

A idade mais treinável da criança é 13, 14, a 17 anos, onde se inicia a atividade geral e especializada.

No teste de Magaria (subir 9 degraus) os garotos são um pouco melhor que as garotas (ODED BAR ORR 1982).

Quando corremos 10 a 15 km nunca corremos a 100% da capacidade aeróbica e sim 80%. Um indivíduo bem treinado atinge 90%, isto explica porque em treinos o resultado é diferente ao da competição.

A criança com 80% a 90% de sua capacidade estará fatigada e terá de diminuir seu ritmo, os adultos a 70% da capacidade pulmonar não irão ficar fatigados.

O adulto corredor de longa distância é muito especialista, tem boa capacidade pulmonar, bom somatotipo e fibras musculares especializadas, assim como outras características (ODED BAR ORR 1982).

Quando uma criança e um adulto correm na mesma velocidade, o adulto utiliza menos O_2 que a criança.

Musculação para criança entre 10 a 14 anos deve ser feita com peso máximo de 1kg, visando ritmo, respiração e coordenação e não força e resistência; só visar força após a puberdade. A musculação deve ser feita em forma de recreação, com bolsas, pacotes, sacos de areia etc..

Para o nadador ou o atleta infantil, no ponto de vista fisiológico, há dúvidas se o stress imposto por uma natação competitiva pode trazer exigências excessivas no sistema cardiovascular das crianças. Há um pequeno grupo que apóia essa preocupação: de fato como veremos, foi notado que é evidente que o sistema cardiovascular dos adolescentes é bem adaptado para o treinamento (LOURENÇO 1982).

Qualquer efeito deletério que o treinamento possa causar em um atleta infantil, deve ser relacionado com fatores congênitos; na verdade, nesses grupos de idade, segundo Jokl (1978) esses exercícios nunca causaram a morte em coração normal, isto pode ser uma consideração útil (Jokl, 1978 – Mc Clellom 1971).

Do mesmo modo, existe pouca razão para acreditar que as exigências fisiológicas têm efeitos deletérios no crescimento físico dos atletas jovens.

Devemos considerar que uma criança em casos de esportes ou até como exemplo a natação, deve ter como objetivo a aprendizagem dos 4 nados, para um possível encaminhamento para a natação competitiva. Consideramos que o aprendiz em geral não é capaz de livrar-se de prováveis situações negativas dentro d'água. Um estudo realizado por Helena Azevedo e Lizete Mingues (da U.F do R. Sul) propõe uma metodologia de aprendizagem que englobe uma capacitação para as diversas possibilidades que a água oferece. Leva em conta, também, que a criança, nos dias de hoje, está muitas vezes limitada atrasando o seu desenvolvimento psicomotor. O objetivo do trabalho por elas realizado é uma metodologia de natação que ensine, de acordo com a idade e com as necessidades individuais, tendo o cuidado com o desenvolvimento integral da criança e que ainda previna situações de perigo futuras.

CRIANÇA, SER AERÓBICO OU SER ANAERÓBICO?

GRÁFICO 2: Potência aeróbica por potência anaeróbica

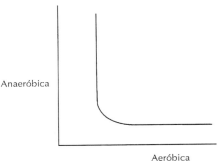

Boa criança aeróbica, boa criança anaeróbica; não boa criança aeróbica, não boa anaeróbica; crianças aerobicamente iguais ao adulto e anaerobicamente pior; a capacidade aeróbica diminui com a idade.

O exercício aeróbico facilita a circulação, queima excesso de toxinas, reduz a pulsação, corrige defeitos orgânicos; a natação como a corrida são recomendadas para asmáticos, diabéticos, pessoas obesas e com determinadas lesões cerebrais.

GRÁFICO 3: Capacidade aeróbica por VO_2

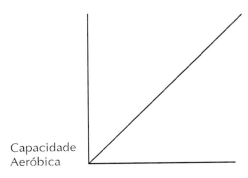

Valor mais baixo nos mais novos. O consumo de O_2 kg por massa corporal estabiliza aos 18 anos.

A criança em sua capacidade aeróbica em termos de VO_2 tem sido verificado ser pelo menos da mesma grandeza que nos adultos. (ASTRAND 1952, ERICKSON 1972, ROLISOL 1938).

O intervalo de VO_2 nas crianças entre 49–65 l min/kg, se tomado por peso de corpo, comparado com 45–75 l min/kg nos adultos; nos adultos, devido ao comprimento e diâmetro das artérias e vasos faz com que diferenças que existem por um volume de sangue menor, deixando o coração a passar por artérias, mas é compensado por um maior batimento (205 x198) medido no crânio.

Um músculo trabalhando a VO_2 não difere da criança para o adulto e não considera-se como fator limitante da performance da criança, fazendo que as diferenças aeróbicas, crianças e adultos sejam bem pequenas.

Na pré-adolescência (12 anos para baixo) deve ser focalizado o melhoramento da capacidade aeróbica e eficiência biomecânica. Segundo Powers e Howley 1997 as crianças envolvidas em esportes de endurance, como a corrida e a natação, aumentam sua potência aeróbica máxima de forma comparável aos adultos e não apresentam danos ao sistema cardiopulmonar. Se forem usados treinamentos progressivos de endurance as crianças podem se adaptar ao treinamento.

GRÁFICO 4: Incremento O_2 com a idade

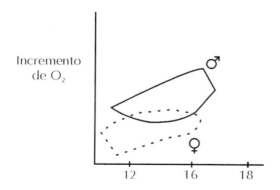

Nos garotos de 10 a 16 anos permanece
o mesmo O_2. A partir dos 16 anos há
um incremento que vai dessa idade em diante.

O exercício anaeróbio altera as contrações cardíacas e o bombeamento do sangue não é tão deficiente; para quem já tem o condicionamento físico formado não apresenta nenhum problema, mas para quem aperfeiçoa para enfrentar esforços maiores no futuro não é bom treinamento, podendo afetar a performance da criança.

Os níveis de ATP e CP nas crianças são as mesmas dos adultos. (ERICKSON 1972).

Valores de ácido láctico encontrado no sangue da criança de menos de 12 anos, num trabalho de alta intensidade, tem sido mostrado muito menor do que encontrado nas crianças de 14 anos em diante. (ERICKSON 1972) (ASTRAND 1977, TROUP 1981)

GRÁFICO 5: Trabalho em relação à produção de ácido láctico na criança.

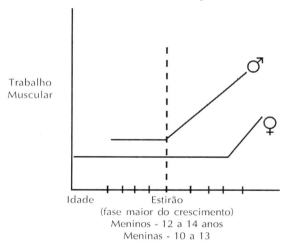

Idade Estirão
(fase maior do crescimento)
Meninos - 12 a 14 anos
Meninas - 10 a 13

O sexo feminino produz lactato mais cedo que o sexo masculino

Molek (1980) observou uma relação na capacidade de energia aeróbica: anaeróbica é de 50:50 nas crianças depois de 30 segundos de exercícios corporado com dois minutos de exercícios nos adultos.

Estudando um grupo de nadadoras suecas (12 a 16 anos) Erickson concluiu que o treinamento físico forte, tinha incrementado o crescimento dos órgãos envolvidos no transporte O_2, permitindo assim, um crescimento de VO_2 máximo. Isso não era indicação de que o treinamento forte causava algum dano.

Dez anos depois, o mesmo assunto foi examinado; embora esse VO_2 máximo decrescido, as dimensões dos pulmões e coração não foram alteradas, esses nadadores parecem ter treinado a capacidade orgânica para funções elevadas, embora seu rendimento atual tenha decrescido significantemente, devido a reduzida atividade.

A seção transversal encontrada por Yost (1981) sugere posteriormente que a atividade física na infância, estimula o desenvolvimento normal desses nadadores.

Posteriormente pode ser sugerido que a capacidade funcional no adulto pode ser parte relacionada com o treinamento na infância.

Parece que durante a adolescência, pode existir uma segunda chance de melhorar as dimensões que são importantes para o sistema de transporte de oxigênio (ASTRAND 1967).

Uma observação paralela a esse estudo, foi que estes nadadores, dez anos depois, tinham sido "desligados" das atividades como adulto.

A melhora foi de 6 a 7 % na potência aeróbica quando se treinou uma criança; valor irrisório em termos de melhoria, para aqueles que pensam que com treinamento precoce vão obter resultados.

TRABALHO MAIS INTENSO NA CRIANÇA

O treinamento com maior esforço, deve ser usado nos atletas de 14 anos em diante com maior sucesso.

Cargas de trabalho não devem ser transferidas para crianças, além disso, exercícios estressantes devem ser evitados (dois trabalhos por dia) até que chegue após a adolescência, se elas assim desejarem ou adaptarem-se.

A criança deve ser sempre examinada por médico, regularmente, para prevenir complicações decorrentes de deficiências orgânicas funcionais.

Deve-se prevenir as crianças contra os perigos das atividades estressantes ou mal orientadas que podem afetar o desenvolvimento e o crescimento normal, e, cuidado especial para que uma pancada, chute, soco, nem impacto violento possa ser intenso, podendo ser fatal, ou causar danos irreparáveis numa estrutura em crescimento.

Nos padrões Havijhurst de sociedade, num crescimento satisfatório e saudável, o indivíduo deve apresentar em determinados momentos da vida, o sucesso na realização de tarefas evolutivas. É fator de felicidade e conduz o indivíduo a êxitos futuros, o fracasso conduz à infelicidade, à desaprovação da sociedade e à dificuldade na realização de tarefas posteriores; fazendo esportes, é uma faca de dois gumes, onde a maioria fracassa e poucos obtêm sucesso.

A criança deve passar por diversas fases, num processo evolutivo.

GRÁFICO 6: Etapas do processo evolutivo de formação desportiva

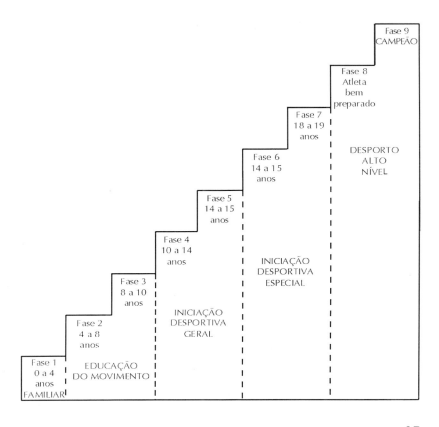

Capítulo 2

ASPECTOS FISIOLÓGICOS DO DESEMPENHO

A IDADE DO TREINO

O Treinamento sistematizado tem se iniciado cada vez mais cedo e este fato deve levar os profissionais envolvidos com o esporte a refletir sobre o tema. Segundo WERNECK (1989), as performances esportivas máximas só podem ser atingidas se as bases forem lançadas na infância e adolescência, o que exige uma planificação sistemática e a longo prazo do processo de treinamento. Para uma ideal planificação a longo prazo devemos entender alguns conceitos que se mostram fundamentais e que justificam essas afirmações.

Pós crescimento entendemos o aumento do tamanho do corpo ou de suas partes, enquanto que o desenvolvimento se refere às modificações funcionais que ocorrem com o mesmo. Já a maturação é o processo pelo qual o organismo atinge as formas e as funções de um organismo adulto. Todos esses processos se dão desde a fase intra-uterina e se prolongam por grande parte da vida do indivíduo.

Praticamente todos os sistemas fisiológicos aumentam com a idade até alcançar a maturação total. Depois estabilizam, para em seguida declinar com a idade.

Com relação à performance física em jovens desportistas, existem grandes modificações que acompanham o processo de crescimento e desenvolvimento. As capacidades motoras se incrementam substancialmente com a idade em função do desenvolvimento dos sistemas neurológicos endócrinos. A força alcança seu pico máximo por volta dos 20 anos nas mulheres, e entre 20 a 30 anos nos homens, embora tenha seus aumentos marcadamente observados por volta da puberdade em função das modificações hormonais que acompanha esse período.

Assim como há um grande aumento na função pulmonar e cardiovascular com o crescimento, a capacidade aeróbia se incrementa similarmente. As crianças porém, têm uma limitada capacidade glicolítica, o que pode refletir uma menor concentração fosfofrutoquinas (PKF) enzima chave que limita a taxa de glicose.

Se observarmos que ocorrem grandes modificações fisiológicas com o crescimento e desenvolvimento e, portanto, existem marcadas diferenças entre o organismo de uma criança e de um adulto já formado, fica fácil entender também que deve existir marcadas diferenças entre o treinamento de uma criança e o de um adulto. Não podemos tão-somente aplicar em jovens atletas um modelo reduzido de tarefas que são realizadas por desportistas adultos ou em fase mais adiantada de desenvolvimento.

Para determinação da fase de desenvolvimento que se encontra o nosso jovem atleta devemos levar em consideração o seguinte:

– Idade cronológica
– Idade biológica
– Idade de treinamento

O processo de crescimento, desenvolvimento e maturação, acontece nos indivíduos num ritmo individual e pode variar significativamente de um para outro.

A observância apenas da idade cronológica não é suficiente, devemos observar outros parâmetros que nos permitem uma melhor avaliação. São eles: os caracteres do desenvolvimento sexual (menarca, alteração da voz, aparecimento dos pêlos axilares e pubiano) a idade óssea etc.... Outro fator não menos importante é a idade de treinamento, ou seja, quando a criança iniciou os seus treinamentos.

Os profissionais responsáveis pela formação e a preparação dos jovens nadadores devem observar as fases evolutivas dos atletas, não queimando etapas do desenvolvimento em busca do sucesso fácil, pois é sabido que a aplicação unilateral das cargas de treinamento nas fases pré-púberes pode levar a um brusco aumento da performance, porém com uma subseqüente estabilização ou até mesmo retrocesso da mesma.

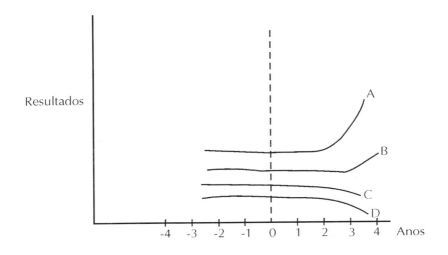

GRÁFICO 7: Resultado em função da maturação

A – Atletas de alto nível – muito forte
B – Atletas de alto nível
C – Média
D – Nenhuma atividade física.

Só no estirão, aparece o efeito do treinamento, começa a aparecer o especialista. Mesmo não fazendo nada, a criança melhora; 1 a 2 anos depois, a criança começa a ficar forte.

Capítulo 3

ASPECTOS TRAUMÁTICOS

A ATIVIDADE PRECOCE NA INFÂNCIA

Criança que pratica atividade física precocemente, dependendo da atividade, está sujeita a lesões. Nesse caso pode ocorrer o que chamamos de síndrome de overuse. Ela pode ser definida como uma inflamação crônica causada por macrotraumatismo de repetição por atividade contínua.

O problema é decorrente de treinos regulares que a criança realiza para alcançar melhores níveis competitivos. A resposta do organismo não é diferente no adulto. No entanto, a criança está sujeita a maior números de lesões em função do próprio crescimento (placa epifisária).

Durante a fase de crescimento, a criança sofre mudanças no organismo, especialmente em sua musculatura e nos ligamentos, que crescem em um ritmo que nem sempre está acompanhando o crescimento ósseo.

A região dos ossos responsável pelo crescimento é muito sensível aos traumatismos e pode ser facilmente afetada com conseqüência de uma lesão maior.

Nessa fase, onde a criança ainda não está madura, os ligamentos apresentam uma resistência cerca de três vezes maior que a cartilagem, a placa de crescimento e o osso propriamente dito. Portanto, na fase de crescimento ela não terá danos em um ligamento, como costuma acontecer com certa freqüência em um adulto, mas sofrerá lesão óssea ou cartilaginosa ou placa de crescimento.

A placa epifisária passa a ser o ponto crítico de toda a cadeia motora na criança durante a atividade física. Ela está presente nos ossos longos para realizar o crescimento longitudinal, junto das apófises ósseas ou das saliências onde se inserem tendões, e próxima à cartilagem articular, formando a extremidade do osso, ou epífise. Qualquer lesão nesta camada determina uma diminuição do ritmo de crescimento ou até mesmo sua interrupção.

Certamente a lesão mais freqüente na criança atleta é a síndrome dolorosa da articulação fêmuro-patelar, causada por funcionamento do mecanismo extensor do joelho. Isso provoca uma dor constante que normalmente cessa com a diminuição da atividade esportiva ou um reequilíbrio muscular adequado.

O pé plano na criança não é proibitivo de prática esportiva, mas em algumas circunstâncias pode desencadear distúrbios de alinhamento do membro inferior causando sobrecarga no joelho e no quadril, sugerindo a indicação de órtose.

Os fatores de risco de OVERUSE podem ser intrínsecos ou extrínsecos. Os primeiros dizem respeito à própria criança, à condição de seu organismo e às suas características antropométricas.

As crianças com capacidade física natural e as melhores condicionadas têm menor probabilidade de sofrer lesões. As obesas ou que têm despro significativa tronco/ membros são mais propensas a esses problemas: desalinhamento dos membros inferiores, facilitando os casos de OVERUSE.

Entre os fatores extrínsecos, o principal é o tipo de treinamento: intensidade, freqüência, e duração de cada seqüência de alguns exercícios. É importante evitar a biomecânica incorreta de algum exercício. O calçado, o piso, e as condições climáticas também influenciam no fenômeno de sobrecarga ao nível do corpo.

Articulações – Além de interferir no crescimento ósseo da criança e reduzir sua capacidade cardíaca, um treino exaustivo pode trazer problemas articulares na infância e na vida adulta. Muitas crianças se queixam de tendinites, torções, distensões e microtraumas nas articulações – pequenos impactos repetidos. Às vezes, a pessoa já deixou de treinar há anos, mas só vai sentir dores no joelho ou nos ombros muito tempo depois.

Capítulo 4

ASPECTOS PSICOLÓGICOS

INFLUÊNCIAS PSICOLÓGICAS DA COMPETITIVIDADE ESPORTIVA INFANTIL

É um meio social, no qual a criança encontra os elementos indispensáveis à realização de si mesma. As crianças pequenas costumam ser mais cooperadoras e amistosas, que competidoras e hostis. A cooperação envolve uma ação mútua. A cooperação e competição, em algum aspecto são opostas, mas nem sempre isso é o que se verifica, pois muitas vezes, acontece serem ambas, partes de um projeto maior. Tanto a competição quanto a cooperação oferecem à criança que está crescendo a oportunidade de descobrir os próprios recursos e testar as próprias habilidades.

Um clima de cooperação tem probabilidade de ser mais amistoso e agradável que uma atmosfera de competição. Na cooperação a criança pode saborear muito mais o clima das alegrias do companheirismo e de escapar por algum tempo da solitária prisão em que se reside quando vê rivais em todos os outros companheiros.

Ao competir com outros, fora do lar, a criança pode fazer de suas qualidades uma idéia mais real do que antes. Isto tem um valor especial se, antes, a criança se subestimava em relação a um irmão mais velho, ou se pais ambiciosos colocavam diante dela um modelo ao qual nunca poderia igualar-se.

INFLUÊNCIA PSICOLÓGICA DA COMPETIÇÃO

A competição torna-se doentia se a criança tende a considerar-se inferior, caso não possa provar sua superioridade a quantos se apresentarem; se a criança for vingativa, tripudia sobre os rivais e se compara ante sua derrota. Tem ainda um aspecto mórbido: se a criança quando não consegue vencer, sente rancor em relação a si mesma (ou dos outros).

As pressões competitivas são patológicas se lavram uma sentença de fracasso aos que, voluntariamente não se sentem compelidos a competir. São mais nocivas ainda, quando não necessariamente a criança, mas os adultos (principalmente os pais ou professores), investem toda a sua garra e violência acima dos limites do próprio filho, seus recalques e/ou traumas por uma passado de possível fracasso. Muitos pais não se conscientizam de que agindo assim, estão estimulando muito cedo, em seus filhos o estresse e emocional, tremendamente prejudicial à sua formação característica?

Precisamos compreender e aceitar a criança que existe dentro de nós mesmos, aquele elo que nos liga ao nosso ser infantil, que há muito tempo deixamos para trás, mas nos reporta ao tempo presente, enquanto vivenciamos ao encontro de outras crianças, que hoje estão aos nossos cuidados. Quando este encontro e essa percepção acontecem sabemos o que fazer, o que esperar e o estimular em cada criança.

Deve-se julgar a criança sob os aspectos físicos e psicológicos e sua influência na competição esportiva infantil em dois ângulos:

1 – Como forma de extravasar a agressividade reprimida, é uma conduta positiva, pois a criança pode manifestar seus conteúdos bloqueados e recalcados (não só a mente como o próprio corpo), muitas vezes, originados do seu meio ambiente. Ela canaliza toda sua energia no esporte e na motivação quanto ao ato de competir. Aqui estaria marcante a conduta dos professores, quanto ao equilíbrio desta modalidade. Agir de forma natural estimulando, motivando e elogiando cada criança. Trabalhar mais com jogos e trabalhos de cooperação nesta fase tão tenra, deixando para uma segunda etapa, a introdução progressiva de competição

intergrupos ou individual. Julgamos ainda que o esporte de competição seja bastante adequado quando se trata deficiências estruturadas.

2 – Ela se torna negativa, quando os valores das crianças são colocadas não no seu modo individual de ser, mas no que ela faz com seu corpo de forma agressiva e muitas vezes além de seus limites físicos e psicológicos

Quando o esporte é voltado exclusivamente para o "vencer a qualquer custo" ele se torna tremendamente prejudicial.

Resumindo, enquanto as crianças estiverem passando por uma fase inicial de desenvolvimento, de nada vale limitar as condutas motoras ao gestos mais ou menos estereotipados das técnicas esportivas, é mais importante deixar que cada qual se expresse numa gestualidade improvisada. De nada vale corrigir, repetir, é mais humano que cada qual seja, ele próprio, mais livre.

É muito importante aliar o desenvolvimento físico da criança ao equilíbrio mental, emocional, e espiritual, para um bom entrosamento social.

GRÁFICO 8: Nível de ansiedade na vida

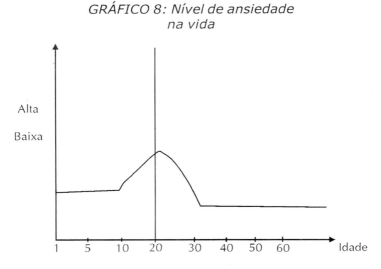

A principal causa do alto nível de ansiedade na segunda idade é a definição do plano de vida

GRÁFICO 9: Níveis de ansiedade no desporto

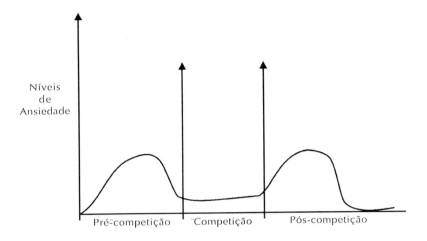

Capítulo 5

A VITÓRIA NO ESPORTE

O ALTO PREÇO DAS VITÓRIAS

Empenho dos pais para ter filhos atletas pode gerar adultos com problemas físicos.

Ganhar medalhas e conquistar troféus pode ser o caminho menos indicado para estimular crianças a praticar uma atividade física. A meta de formar campeões mirins nas diversas modalidades esportivas leva muitos treinadores a esquecer as reais necessidades orgânicas da criança. Dessa sede de vitória nem sempre resultam benefícios para os jovens atletas. Muitas vezes fadiga muscular e problemas articulares são alguns dos itens que constam na lista de ameaças à saúde dos pequenos esportistas.

A infância é um período biológico único, em que erros e acertos ficam marcados para sempre, segundo Rogério Frossard. Exageros na intensidade dos exercícios podem trazer consequências graves para as crianças na vida adulta.

Frossard se refere, entre outros problemas, a hipertrofia da fibra muscular. Quando a prática esportiva é excessivamente intensa há um engrossamento da musculatura esquelética (aquela ligada ao osso e que promove movimentos). Ocorre um encurtamento dos músculos que impede o crescimento normal do osso, explica Frossard, "Essa criança não vai atingir o ápice do crescimento".

O Coração – Segundo Frossard, ao mesmo tempo que provocam um encurtamento dos músculos, os exercícios em excesso podem causar uma hipertrofia da musculatura cardíaca. Quando a parede cardíaca se torna muito grossa as artérias não conseguem ultrapassar a parte mais interna do coração, dificultando a irrigação daquela área. Por outro lado, uma parede grossa diminui a atividade interna do coração que passa a recrutar e bombear menor volume de sangue.

Frossard adverte que os exercícios aeróbicos: ciclismo, corrida, natação, remo, entre outros trazem benefícios, desde que feitos com uma intensidade e freqüências adequadas. Estes tipos de exercícios, em geral, aumentam a cavidade interna do coração, o que é extremamente saudável. Mas quando a prática é exagerada – como é comum ver em treinamentos para campeonatos de natação – o trabalho muscular passa a se tornar anaeróbico e prejudicial: falta de oxigênio ao músculo, que passa a produzir ácido láctico para continuar a ter energia para trabalhar.

Bom exemplo   **Mau exemplo**

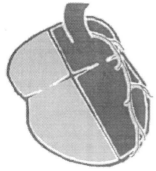 

Desenvolvimento do volume
A parede delgada do músculo cardíaco favorece sua irrigação e o aumento do volume de sangue circulante.

Desenvolvimento de massa
A parede grossa (hipertrofiada) dificulta a irrigação do coração e diminui o volume de sangue circulante.

LIMITES BÁSICOS DESRESPEITADOS

Para que seus pupilos atinjam as melhores marcas, técnicos e treinadores são capazes até de esquecer princípios básicos de fisiologia, menosprezando o corpo em formação das crianças. Os mais irresponsáveis levam os jovens atletas a conhecerem a fadiga e o estresse, quando não recomendam exercícios contra-indicados para a idade, como musculação. "Alguns chegam a prescrever dietas mirabolantes, como se estivesse criando franguinhos para o abate", critica o fisiologista Rogério Frossard.

Aminoácidos e algumas drogas anabolizantes, que aceleram artificialmente a maturação orgânica podem provocar desde desmineralização, retenção hídrica e aumento da pressão arterial a câncer de fígado e morte súbita por doença coronariana.

GENÉTICA – Frossard lembra que os fatores genéticos são responsáveis por 70% da performance em determinada prática esportiva e que, portanto, não adianta sobrecarregar crianças que nunca alcançarão o perfil de um campeão.

Os pais devem estar atentos para o comportamento de seus filhos. Sono irregular (fora do horário), fadiga, irritação, falta de apetite, dificuldade de acordar cedo e baixo rendimento escolar são sinais que indicam que a criança está estressada e que precisa de um repouso, alerta o médico.

Segundo Frossard a alimentação das crianças que se submetem a um treino rigoroso deve ser a base de grão, verdura, legumes e frutas. É preferível comer pequenas quantidades várias vezes ao dia, avisa.

DIETA É INADEQUADA

Um levantamento bibliográfico que reuni em dezesseis trabalhos divulgados em diversas revistas médicas do mundo mostrou que a maioria dos atletas não pratica a atividade física de forma ideal, submetendo-se a cargas exageradas de esforço. Publicada no boletim do Cromonwelth Institute of Health a pesquisa do fisiologista J R Brotherhood, da Universidade de Sidney, Austrália, mostrou também, que os hábitos alimentares dos atletas – que deveriam seguir uma dieta específica – são os mesmos da população em geral.

Ao contrário do que a mídia propaga, os atletas não representam um símbolo real de saúde, sustenta o especialista em medicina do exercício Rogério Frossard. Os exageros na intensidade do exercício e na recomendação de drogas e outros suplementos para aumento da massa muscular têm base na crença de que se um pouco é bom, muito proporcionalmente será melhor. No entanto para se obter os benefícios fisiológicos da prática esportiva, a dieta e treinamento devem ser corretamente dosados, adverte.

Faixa etária – Segundo o médico o país reúne fabulosos atletas mirins, promessas de futuros jovens campeões. O Brasil obtém resultados fantásticos no panorama da natação infantil, exemplifica. Entretanto nossa presença no palco mundial vai se apagando à medida que esta geração de atletas avança na faixa etária.

Frossard cita uma pesquisa do fisiologista israelense Baar Orr, feita no Canadá com um grupo de pequenos nadadores, que revelou que os minicampeões nada mais são que crianças que atingem a maturidade precocemente – mais altos e mais pesados que seus colegas, acabam apresentando melhores desempenhos. "Essa vantagem porém se dilui ao longo dos anos à medida que seus companheiros também amadurecem e eles não suportam o peso de terem que ser adultos campeões", avalia o fisiologista.

Já existem estudos mostrando que as meninas que amadurecem precocemente apresentam mais tumores de mama e de ovário e que tanto meninas quanto meninos sofrem problemas pelo aumento indesejável da massa cardíaca, provocado por altas cargas de treinamento.

QUANDO O EFEITO SE INVERTE

PRESSÕES FRUSTRAM A CRIANÇA E CRIAM REJEIÇÃO AO ESPORTE

Não apenas danos físicos representam uma ameaça para os atletas-mirins. A pressão mental a que são freqüentemente submetidos os pequenos campeões também podem trazer resultados irreparáveis. A criança que é levada a testar suas potencialidades tanto pode responder bem a esse estímulo quanto pode desenvolver uma rejeição exagerada ao esporte em que é iniciada. Pode também guardar uma imensa sensação de frustração por não corresponder a expectativa dos pais.

É preciso saber até que ponto participar de competições e treinos rigorosos é um desejo da criança ou é uma vontade dos pais que querem realizar uma vocação frustrada em seus próprios filhos, adverte a psiquiatra Gabriela Crenzel, presidente do Comitê de Saúde Mental da Sociedade de Pediatria do Rio de Janeiro. Ela diz que é fundamental haver um acompanhamento pediátrico do jovem atleta para que os outros aspectos de sua vida não sejam esquecidos, como estudos e brincadeiras.

Os pais devem conhecer os riscos que seus filhos correm ao se submeterem a práticas intensas, comenta a psiquiatra. Uma menina que desde pequena faz ginástica olímpica poderá desenvolver uma musculatura masculinizada, explica. As mudanças corporais que nela ocorrem devem ser ponderadas.

Segundo Crenzel o treino nas diversas modalidades esportivas não devem servir para corresponder ao desejo do pai, mas para trazer benefícios à criança. O prazer de uma criança de dançar ou de um menino em nadar deve ser usado como um termômetro, avalia a psiquiatra. Se a criança não mostra entusiasmo em uma atividade, sua decisão de abandoná-la deve ser respeitada pelo pai.

Crenzel lembra que a nossa sociedade valoriza o vencer e não a competição em si. Os pais têm um papel importante nesse sentido. Os filhos tentam constantemente agradá-los e querem vencer para satisfazer a vontade deles. Eles devem passar para a criança tranquilidade de que, se ele não ganhar, isso não representa o fim do mundo: um campeonato não deve ser visto como um limite, mas como mais um passo.

A psiquiatra avisa ainda que nem sempre o desejo dos pais pode ser alcançado pelos filhos e muito menos no momento em que eles exigem. Às vezes a criança quer desistir daquela atividade ou de reduzir o ritmo sem largar o esporte. Essa opção deve ser ouvida. Os filhos podem ser excelentes esportistas sem ter necessariamente que se profissionalizar, acrescenta.

Segundo o fisiologista Rogério Frossard todo cuidado é pouco, muitos desses jovens atletas se tornam adultos sedentários e obesos, sem a menor atenção para um passado esportivo de pequenas glórias penduradas na parede.

OS CUIDADOS

- Observe se a criança tem sinais de estresse ou estafa, como sono frequente e fora de hora, irritação, baixo rendimento escolar, falta de vontade de comer. Ela pode estar sendo submetida a treinos excessivos.

- Não dê aminoácidos e anabolizantes para a criança. Eles podem provocar desmineralização do organismo, retenção hídrica, aumento da pressão arterial, câncer de fígado e morte súbita por doença coronariana.
- A dieta deve ser rica em verdura, cereais, legumes e frutas e pobre em gorduras. As crianças não devem ficar muitas horas sem comer: o ideal é oferecer diversas pequenas refeições.
- Os pais não devem pressionar os filhos para que obtenham os melhores desempenhos. Os fracassos devem ser aceitos sem recriminação.
- A freqüência e intensidade dos exercícios devem ser bem dosados. As inadequações e exageros podem trazer prejuízos.

Capítulo 6

ASPECTOS DE APRENDIZAGEM MOTORA

Pode-se dizer que o nadador de competição tem que dominar mais de uma dúzia de habilidades específicas as quais se resumem em quatro estilos, várias viradas e partidas. Isto não quer dizer que essas habilidades específicas sejam mais facilmente aprendidas, mas elas são muito limitadas em número. Desempenhá-las com grande precisão e eficiência não é tarefa simples. Ainda assim muitos treinadores dizem que parece haver algo natural, quase inato, a que chamam 'senso de água'. Isto é uma referência óbvia à cinestesia (sentido das partes do corpo, os movimentos que exercem relacionados mutuamente, tensão, velocidade etc...). Provavelmente, incluem-se a capacidade de sentir a pressão na superfície e sentido de aerodinâmica.

Considerando a disponibilidade de instrução competente e suficiente tempo de prática, a maioria dos jovens poderia atingir seu nível potencial de habilidade em três ou quatro anos. O mesmo não se poderia dizer da ginástica e dança, em que existe uma infinidade de habilidades a dominar, nem quanto a tocar um instrumento musical. Há, provavelmente, milhares de crianças que são tão habilidosos quanto nadadores olímpicos, mas ainda não atingiram nível máximo de força, resistência muscular, resistência cardiovascular, motivação, conhecimento de competição, e estratégia e força física. Real habilidade é reconhecida em muitos nadadores de futuro muito antes que atinjam este estágio. A maturação continuada levaria então a aplicar mais força com a mesma eficiência e ou por mais longos períodos de tempo.

GRÁFICO 10: Coincidência teórica de várias determinantes de desempenho

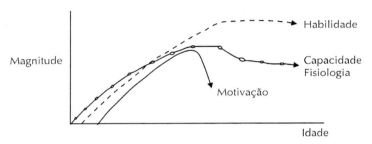

GRÁFICO 11: Fase de Limitação no Desporto

Infelizmente pouco tempo passa até que o conceito da criança quanto a vitória, bater alguém, prêmios, medalhas, troféus, o time etc., infiltre em sua atividade de nadar socialmente. Ou talvez esses conceitos sejam aprendidos através da natação. Logo, objetivos de desempenho são estabelecidos (freqüentemente por terceiros), a luta por prêmios começa e entramos na fase de limitação, e o final está determinado.

DESEMPENHO DO POTENCIAL

Se as variáveis determinantes fisiológicas fossem traçadas em termos de desenvolvimentos, seria possível traçar uma curva mostrando um auge de tempo ótimo para máximo desempenho. Se o mesmo pudesse ser feito com respeito a determinantes psicossociológicas e determinantes de aprendizagem motora poderíamos criar duas outras curvas que se tangenciassem nos seus respectivos ápices. Entretanto, podemos desde logo ao menos suspeitar que o auge de interesse (motivação resultante de fatores psicossociológico) e o auge da habilidade não coincidem com o auge de condições fisiológicas.

Inerente a esta suspeita está nossa falta de conhecimento com respeito a várias determinantes fisiológicas de desempenho, suas taxas de desenvolvimento e interdependência ou, talvez, sua independência! Do mesmo modo é difícil medir os efeitos de diversos determinantes psicossociais e motores. Não se tem discutido a forma das curvas que são aqui traçadas apenas para demonstrar a falta teórica de coincidência e forte convicção do autor quanto a muitos nadadores de grupos etários atingirem o auge psicológico e, provavelmente, sem coincidir com seu auge de habilidades.

Veja gráfico 12 na página seguinte.

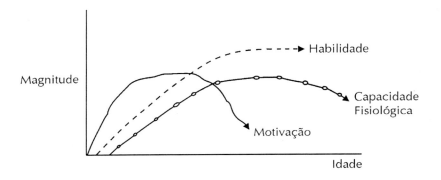

GRÁFICO 12: Provável falta de coincidência de várias determinantes de desempenho

Capítulo 7

A EVOLUÇÃO DA CRIANÇA

4 ANOS

— É ativa, barulhenta, instável e explosiva.
— Tem necessidade para seu equilíbrio emocional de passar várias horas ao ar livre, correndo, saltando e pulando.
— Normalmente a saúde nessa fase é boa e não se cansa nunca.
— Uma criança de 3 anos insiste no movimento, mesmo na escola, ao passo que um de 4 anos se adapta para resolver a situação.

5 ANOS

— Toma intenso contato com a realidade, fica fascinada e quer saber sempre mais.
— Passa por uma fase de teimosia, discute, argumenta, quer ter razão.
A motricidade, além de ser mais equilibrada, fica aquietada, já consegue ficar bastante tempo sentada, sobe e desce escadas facilmente e desfruta desta atividade. Ainda pode fazer uso de ambas as mãos, mas a lateralidade já impõe a mão dominante e com ela comem, pintam e executam movimentos de dança, mesmo sem música.

6 ANOS

– A maioria das crianças aos 6 anos passa por uma fase difícil na escola e no lar.

– A motricidade nesta fase, caracteriza-se pela hiperatividade: a criança corre à toa, fica irrequieta, mexe-se na cadeira, esbarra com coisas e pessoas. Faz mímica, arranja tiques etc....Tem prazer em desenhar e colorir. Quando se juntam várias da mesma idade, suas brincadeiras são barulhentas, dificilmente os adultos podem suportar por muito tempo a confusão que formam.

7 ANOS

– Aos 7 anos, de modo geral, a criança passa por uma fase relativamente tranqüila, fica mais introspectiva e, quando tem problemas com o grupo, prefere brincar sozinha.

– Fica humilhada e envergonhada quando lhe apresentam um erro, pois nessa idade é extremamente sensível a críticas.

– Os meninos são muito sensíveis à professora e poderão ficar desencorajados para estudar e até traumatizar-se, se no meio do ano, lhes trocam a professora.

8 ANOS

– Aos 8 anos a criança é menos introvertida que aos 7. Mais barulhenta e expansiva, dá a impressão de maturidade, algumas mudanças no seu aspecto já pressagiam a puberdade. Não se entregam com tanta freqüência a fantasias, o mundo lhe parece fascinante, querem saber tudo, fazem suas críticas, podendo achar defeitos nos adultos e ao mesmo tempo imitando-os. Do ponto de vista motor, refletem grande harmonia, sendo por isso uma boa fase para dar início a certos esportes.

9 ANOS

– Dificilmente uma criança de 9 anos precisa de ajuda psicológica, pois apresenta um ótimo nível de coerência e de equilíbrio emocional, sabe manter boas relações com seus semelhantes. É muito crítica em relação a si mesma e aos outros.

– A situação competitiva causa-lhe angústia. Precisa nessa fase, provar a si mesma de que é capaz em todos os campos para mais tarde integrar-se ao prazer da competição. É resistente à fadiga, executa exercícios violentos.

10 ANOS

– Aos 10 anos a diferença psicológica de ambos os sexos apresenta-se bem definida; a mentalidade com que enfrentam a vida é totalmente diferente. As meninas são mais calmas, andam misteriosas, sempre com algum segredinho para contar às outras; fazem questão de sua aparência e são extremamente sensíveis aos problemas familiares. Os meninos pelo contrário, pouco se interessam pelos problemas sociais ou familiares, mostram-se interessados na 'turma', no clube, etc....

11 ANOS

– A criança de 11 anos já quase um pré-adolescente, anseia por liberdade e tem uma certa tendência a encontrar na própria família uma porção de defeitos. O fator sexual começa a se fazer sentir, a fase de latência já está longe e a criança é mais vulnerável e aberta aos problemas do sexo.

12 ANOS

– Aos 12 anos existe uma grande margem de diferença no crescimento físico. Segundo Gesell o esporte que atrai a todos por igual é a natação. O aumento da massa corporal favorece a flutuação. Gostam de nadar no verão e no inverno. Gostam de receber instruções para melhora de técnica, no caso da natação é a melhor época para ensinar gestos que educam o movimento. É uma criança alegre.

51

– É uma criança reflexiva, uma idade de complexos e transformações que envolvem tempo, corpo, mente e personalidade.

13 ANOS

– Tende a ser mais extrovertida, expressiva e alegre que aos 13 anos. Pode experimentar temores diversos. Aceita o mundo como ela se encontra. Se sente orgulhosa de suas aptidões esportivas.

14 ANOS

MATERNAL E INFANTIL
CRESCIMENTO POR FASES
Crianças de 2 a 5 anos

1 – Primeira dentição completa.
2 – Crescimento físico lento e regular.
3 – Aceleração no desenvolvimento da coordenação dos grandes músculos e início da coordenação dos pequenos músculos.
4 – O passo alto e inseguro se converte em marcha livre.
5 – Conseguem subir escadas sozinhas, e pouco a pouco sobem em árvores e outros lugares.
6 – Gostam de atividades como bater, jogar, puxar, mexer, etc... permanecendo pouco tempo em cada uma.
7 – Interessam-se e conseguem utilizar ferramentas e outros instrumentos.
8 – Gostam de construir coisas e organizam os materiais em construções.
9 – Escolhem os brinquedos e a pessoa com quem querem brincar.
10 – Sentem-se muito prestigiadas em ajudar o adulto.

PRÉ, 1ª E 2ª SÉRIES
Crianças de 6 a 8 anos

1 – Trocam os dentes.
2 – Crescimento físico lento e regular.

3 – Aceleração no desenvolvimento da coordenação dos grandes músculos e início da coordenação dos pequenos músculos.
4 – Interessam-se por brincadeiras de intensa atividade: correr, saltar, pular, brinquedos de roda, jogos de amarelinha, pular corda, empinar papagaio, etc....
5 – Gostam de brinquedos que exigem a utilização dos pequenos músculos: bolinha de gude, boliche, acertar alvos, etc....
6 – São capazes de tomar banho sozinhas, conseguem nadar bem, patinar e andar de bicicleta.
7 – Começam a apresentar mudanças na fisionomia.
8 – Têm dificuldades para escrever.

CARACTERÍSTICAS
DO DESENVOLVIMENTO FÍSICO E APTIDÕES
Crianças de 9 a 11 anos

1 – Crescimento físico ainda lento em altura; as meninas têm mais aumento de peso que os meninos.
2 – Coordenação motora dos grandes e pequenos músculos em aperfeiçoamento.
3 – Interessam-se por conseguir destrezas físicas – jogos vigorosos.
4 – No final desta fase as meninas vão perdendo sua resistência e força física em relação aos meninos.
5 – Em algumas meninas aparecem o ciclo menstrual.
6 – Precisam ainda ser mandadas para cama.
7 – Os meninos dormem mais rapidamente que as meninas.
8 – Utilizam ferramentas com habilidades crescentes.

Adolescentes de 12 a 14 anos

1 – Crescimento turbulento de muitos órgãos e sistemas.
2 – Ganhos consideráveis em controle motor.
3 – Aumento de força física, principalmente os meninos.
4 – Maior desenvolvimento físico nas meninas.
5 – Mudanças na organização física e na aparência externa.
6 – Mudanças na voz, mais perceptível nos meninos.
7 – O interesse por atividades físicas intensa começa a manifestar-se principalmente entre as meninas.

8 – A destreza atlética passa a ter valor social.
9 – Seus interesses são muito variados: apresentam habilidades mecânicas, perícia manual, gostam de montar e desmontar mecanismos etc.
10 – Maturação sexual: aparecimento da ejaculação e menstruação.
11 – Início de experiências sexuais (masturbação) e experiências homossexuais.
12 – Aparece entre os meninos os chamados "sonhos únicos" (ejaculação noturna).

CARACTERÍSTICAS DE DESENVOLVIMENTO SOCIAL MATERNAL E INFANTIL
Crianças de 2 a 5 anos

1 – De início, interação social egocêntrica, em virtude da diferenciação entre eu e a realidade social exterior.
2 – Gostam de estar no meio de outras crianças.
3 – Seus brinquedos se caracterizam por ações individuais, com um início de socialização.
4 – A conversa espontânea nas brincadeiras são "monólogos coletivos", em que os brinquedos são personificados.
5 – Não conseguem discutir, apenas colocam seus pontos de vista.
6 – As regras são sagradas, imutáveis e determinadas externamente.
7 – O adulto é visto como modelo.
8 – Com o aparecimento da linguagem pode-se notar que já conseguem interiorizar a ação. Contam o que fazem.
9 – Têm noções realizadas (passado) e ações a serem realizadas (futuro).
10 – A palavra é associada de perto aos objetos e ações.
11 – Evoluem de palavras e frases elementares para substantivos e verbos diferenciados e, finalmente, frases propriamente ditas.
12 – Para dizer o que pensam, usam representações imitativas: jogo simbólico ou imaginação, desenho e construção.
13 – A linguagem funciona como estimulador da ação imediata.
14 – Até 4 anos a linguagem é estritamente simbólica e pre-conceitual.
15 – Suas brincadeiras se caracterizam umas com as outras, por meio de brinquedos próprios.

16 – Têm noção mais elaborada de regra para organizar a brincadeira, porém não a discutem. Ora um, ora outro comanda, limitando-se a dizer "isto não vale" ou "assim não brinco mais".
17 – Interessam-se cada vez mais por brincadeiras de grande atividade.
18 – A briga e a luta são formas de brinquedos.

PRÉ – 1ª E 2ª SÉRIES
Crianças de 6 a 8 anos

1 – Começa a desenvolver o sentimento de pertinência ao grupo. Aparece a "sociedade das crianças".
2 – Escolhem seus amigos, organizando-se em grupos, que são informais, com mutações rápidas dos seus componentes.
3 – Escolhem os companheiros indistintamente entre meninos e meninas, fazem questão de demonstrar sua masculinidade.
4 – Aparecem os jogos com regras.
5 – Reconhecem o direito de propriedade do outro.
6 – Ainda não são capazes de colaborar inteiramente.
7 – O trabalho em grupo vai se tornando cada vez mais absorvente.
8 – Consideram muito as opiniões e idéias dos adultos significativos: pais, professores, etc.
9 – Apresentam maneiras mais delicadas nas relações extrafamiliares.
10 – Os conceitos de símbolos verbais começam a transcender sua experiência pessoal.
11 – Começam a dissociar seu ponto de vista dos outros.
12 – Preocupam-se com sua aparência: vestimentas.
13 – Gostam de vestir-se como os companheiros.
14 – Preocupam-se com a realidade que os cercam.
15 – Começam a situar-se nos grupos de que participam: família, grupos de amigos de brincadeiras etc.

Crianças de 9 a 11 anos

1 – Aprofunda-se o sentimento de integração ao grupo.
2 – São capazes de colaborar realmente nas atividades grupais. Assimilam técnicas de dinâmica de grupo.

3 – Têm no grupo, a sua afirmação e segurança.
4 – Gostam de jogos organizados e de competições.
5 – São capazes de entender as funções das regras como decisões do grupo e se submetem a elas.
6 – Compreendem e respeitam o ponto de vista dos outros e conseguem provar ou justificar suas afirmações.
7 – Coordenam os vários pontos de vista e são capazes de discutir de forma orientada e definida.
8 – Praticam a concentração individual quando trabalham sozinhas.
9 – Gostam de estar a sós em alguns períodos do dia.
10 – Interessam-se por clubes, associações e elaboram os estatutos.
11 – Possuem domínio dos signos. Dominam a linguagem real.
12 – As associações com crianças do sexo oposto diminuem.
13 – Começam a enfrentar os adultos.
14 – São capazes de sair sozinhas com os amigos (férias, passeios).

Adolescentes de 12 a 14 anos

1 – Interessam-se cada vez mais por atividades sociais.
2 – Começam a estabelecer sua moral individual, que é submetida à moral do grupo.
3 – Comportam-se segundo o código do grupo, que sofre freqüentes alterações.
4 – O grupo determina a vestimenta, o vocabulário, a postura, etc.
5 – Apresentam forte identificação com as pessoas do mesmo sexo.
6 – As meninas já estão preparadas para companhias masculinas.
7 – Valorizam-se entre os meninos: os agressivos, os descuidados, os barulhentos, os faladores, e os de espírito grupal.
9 – Valorizam-se entre as meninas: as bonitas, as ordeiras, as amistosas, e as entusiastas.
10 – Interessam-se cada vez mais por clubes, associações e grêmios, sendo capazes de trabalhar para suas concretizações.

11 – Interessam-se grandemente pelas mudanças e problemas que ocorrem no mundo, em todas as áreas.
12 – Começa a haver discussões propriamente dita em que os adolescentes são capazes de colocar seus pontos de vista, discuti-los, colocá-los à prova, examinar seus argumentos durante o processo de discussão e reformulá-los.

CARACTERÍSTICAS DO DESENVOLVIMENTO EMOCIONAL

MATERNAL E INFANTIL
Crianças de 2 a 5 anos

1 – Manifestam suas necessidades de segurança a afeição pelo desejo de serem aceitas pelo adulto.
2 – Encontram-se numa fase de heterossegurança (necessidade, proteção) captativa em relação ao afeto.
3 – Sentem-se felizes na medida que são satisfeitas suas necessidades básicas: alimento, bebida, calor humano, e atividade livre e desimpedida.
4 – Gostam, em qualquer fase, de aventuras, de enfrentar as dificuldades e de vencê-las.
5 – Interessam-se por experiências que lhes dêem uma nova percepção de si mesma, uma nova visão de suas habilidades.
6 – Manifestam curiosidade pelo processo de reprodução e pelas diferenças anatômicas.
7 – O medo aparece como resposta a acompanhamentos do ambiente e a perigos imaginários.
8 – Manifestam cólera quando se sentem ameaçadas na satisfação de necessidades básicas e atividades físicas.
9 – A cólera é manifestada geralmente pelo choro e comportamento de revide.

PRÉ – 1ª E 2ª SÉRIES
Crianças de 6 a 8 anos

1 – A necessidade de segurança e afeição começa a ser satisfeita pelo grupo de colegas.

2 – A não-satisfação de necessidades de se aventurarem a vencer dificuldades leva ao tédio escolar.
3 – Começam a apresentar interesse por comportamentos sexuais observáveis principalmente em animais.
4 – Apresentam ainda temores em relação à sua segurança pessoal.
5 – A cólera é manifestada através de comportamento de revide e palavras.
6 – Manifestam cólera quando sofrem interferência nas suas posses.
7 – Começam a demonstrar uma preocupação com o outro, exigem muito afeto (proteção).
8 – Os hábitos morais são ainda heterônimos, vinculados principalmente ao nível do temperamento.

Crianças de 9 a 11 anos

1 – Começam a ter experiências com aspectos físicos do sexo: jogos sexuais sozinhos ou com amigos.
2 – Aumentam os temores relacionados com a escola: medo de punições.
3 – Apresentam sentimentos de culpa e temores por fazerem coisas malfeitas.
4 – Manifestam cólera quando sofrem interferência nos seus direitos.
5 – Começam a aparecer comportamentos de autocontrole orientados pela vontade (formação de caráter).

Adolescentes de 12 a 14 anos

1 – Desejam liberdade e necessitam de submissão ao adulto.
2 – Desejam ser aceitos pelos seus pais e pelos adultos.
3 – Buscam na participação grupal sua necessidade de segurança. Preferem não ficar a sós.
4 – Estão preocupados em estabelecer sua auto-imagem em relação à sua aparência exterior e a atuação.
5 – Estão em constante processo de auto-avaliação.
6 – São muito rigorosos em seus julgamentos, e possuem um sentimento de justiça muito acentuado.

7 – Seus temores estão ligados à perda de prestígio e medo do ridículo.
8 – Manifestam cólera quando sofrem interferência em seus planos e expectativas, bem como críticas à sua pessoa.
9 – Exigem reciprocidade de afeto.
10 – São capazes de amar a outro e à humanidade de forma genérica.
11 – Apresentam comportamentos sexuais mais determinados e conscientes.
12 – Procuram sua auto-suficiência para se tornarem independentes do adulto.
13 – O grupo é a maneira natural de acesso ao adolescente.
14 – São capazes de dirigir racionalmente seu comportamento.
15 – Seus interesses são muitos variados e mutáveis.

CARACTERÍSTICAS DO DESENVOLVIMENTO INTELECTUAL

MATERNAL E INFANTIL
Crianças de 2 a 5 anos

1 – Têm noção de permanência do objeto individual de forma que só sentem a permanência do objeto quando se refere ao campo próximo ou que aparece mais vezes.
2 – O pensamento da criança é a imitação interior dos atos e seus resultados: incorporação ou assimilação puras.
3 – Seu raciocínio é preconceitual. Não procede por educação, mas por analogias imediatas.
4 – Não distinguem entre todos e alguns porque ainda não manejam classes gerais. Uma vez que a noção de permanência do objeto é completa somente em relação ao campo próximo.
5 – São capazes de reconstruir ações passadas e antecipar ações futuras.
6 – Não procuram determinar os "como" dos fenômenos, mas os "porquês", as explicações simultaneamente à finalidade e a causalidade, e a criança tem como referência ela mesma ou o homem: animismo infantil e articismo.

7 – A partir dos quatro anos desenvolve o pensamento intuitivo ou conceptual.
8 – Imitam, ainda de perto, os dados da percepção, mas já conseguem ajustar as representações mentais em configurações de conjunto.
9 – Há ausência de modalidades nas construções sucessivas do pensamento. As relações são feitas de modo alternativo: quando percebem uma relação (contra seu pensamento) deformam ou eliminam as outras.
10 – Início da elaboração da noção de movimento: adiante, atrás, direita, esquerda.
11 – As relações temporais antes e depois são percebidas intuitivamente em relação aos objetos e movimentos particulares.
12 – As relações temporais e o conceito de velocidade são avaliados segundo uma sucessão espacial.
13 – Ausência de reversibilidade. As instituições são rígidas e não permitem generalização, pois corresponde a uma interiorização de percepções e movimentos sob a forma de experiências mentais.
14 – O pensamento é fenomenista (imita os contornos do real) e egocêntrico (voltado para a ação do momento).

PRÉ – 1ª E 2ª SÉRIES

1 – Passagem do pensamento intuitivo para o operatório concreto.
2 – Conseguem fazer representações mentais de suas experiências de vida.
3 – Conseguem relacionar os símbolos com o objeto.
4 – Demonstram interesse pela leitura.
5 – De início são capazes de perceber uma relação de cada vez, conseguindo, no final deste período, reunir duas relações numa terceira que as contenha. Fazem agrupamentos.
6 – São capazes de aprender adição, subtração, multiplicação e divisão, por meio das operações de classificação, seriação, associação e dissociação, sempre a partir da manipulação de objeto concreto.

7 – Suas noções de número vinculam-se ainda a uma correspondência com o objeto real.
8 – Conseguem realizar algumas operações temporais: ordem (seriar acontecimentos), participação, encaixe e métricas (escolher um intervalo com unidade de medida).
9 – Conseguem perceber velocidade como relação entre tempo e espaço percorrido.
10 – Possuem noção de conservação da substância do objeto (comprimento e quantidade).
11 – Explicam o mundo por uma espécie de causalidade fundada na identidade com seu processo de vida.
12 – Início da reflexão: a criança pára antes de agir.
13 – Pensamento semi-reversível: articular reconstituição de estados anteriores e antecipação dos próximos passos.

Crianças de 9 a 11 anos

1 – Formação do conceito de número: começam a compreender como se constrói o número.
2 – Conseguem realizar operações com reversibilidade simples, por intermédio apenas de reciprocidade e identidade.
3 – Formação de noção de tempo: as relações temporais se reúnem na idéia de um tempo único.
4 – Conseguem coordenar dois sistemas: acontecimentos colocados em ordem de sucessão e simultaneidade dos intervalos.
5 – Elaboram a noção de conservação de peso e, mais para o fim do período, a noção de conservação de volume do objeto.
6 – Realizam as operações de classificação e coordenação das relações simétricas e assimétricas.
7 – Constroem o espaço racional, cujo conteúdo é o desenvolvimento das operações racionais: classificação, ordenação, coordenação das relações simétricas e assimétricas.
8 – No final deste período conseguem construir sistemas de conjunto passíveis de composição e revisão: pensamento reversível.
9 – Estruturam racionalmente a realidade, explicando os fenômenos de forma atomística.

10 – Demonstram grande interesse e curiosidade pela origem das coisas, composições e fatos que geram determinadas situações.
11 – Podem fazer pesquisas e experimentações, planejar e elaborar conclusões.
12 – Ampliam-se seus universos: antecipam fatos e resultados.
13 – Generalizam ao nível concreto.
14 – Conseguem realizar operações métricas.

Adolescentes de 12 a 14 anos

1 – Início do pensamento reflexivo propriamente dito; raciocínio hipotético-dedutivo.
2 – As operações realizadas são as mesmas do período anterior: classificação, seriação e medição, agora não mais sobre os dados de percepção. Pensam a partir da generalização realizadas no período anterior.
3 – Dominam cada vez mais a capacidade de abstrair e generalizar.
4 – São capazes de lidar com abstração, tanto em relação a quantidade quanto a qualidades.
5 – Apresentam maior domínio de noção de tempo, aparecendo uma crescente preocupação com o futuro.
6 – Capacidade grande de lidar com idéias sem envolvimento pessoal e imediato: interessam-se por tudo que ocorre no mundo.
7 – Adquirem pouco domínio do pensamento lógico.
8 – Começam a elaborar teorias abstratas sem se preocuparem com sua aplicação imediata.
9 – Tornam-se capazes de, dada uma hipótese, estabelecer suas decorrências, mesmo que esta hipótese seja contrária aos fatos conhecidos e aos seus desejos.
10 – Os adolescentes não só estão interessados apenas em resolver os problemas, mas também exercitar capacidade de raciocínio abstrato recém-adquirido.

GRÁFICO 13:

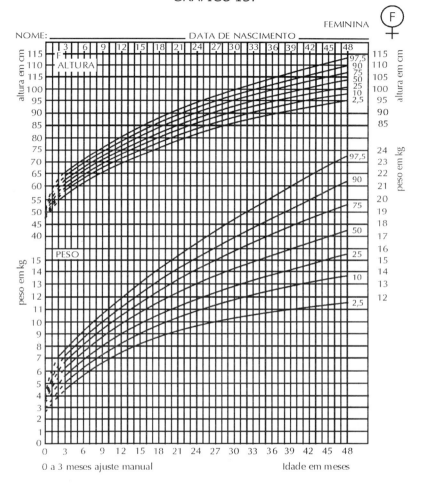

FONTE – MARQUES, R. M.; MARCONDES, E.; BERQUO, E.; PRANI, R. & YUNES, J.
– *Crescimento Pubertário em Crianças e Adolescentes Brasileiros. II. Altura e Peso.*
São Paulo, Editora Brasileira de Ciências, 1982.

GRÁFICO 14:

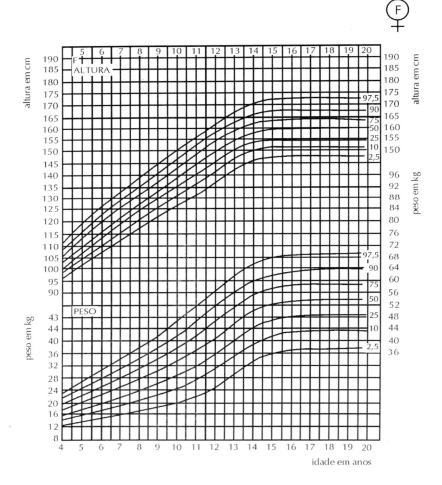

FONTE – MARQUES, R. M.; MARCONDES, E.; BERQUO, E.; PRANI, R. & YUNES, J.
– *Crescimento Pubertário em Crianças e Adolescentes Brasileiros. II. Altura e Peso.*
São Paulo, Editora Brasileira de Ciências, 1982.

GRÁFICO 15:

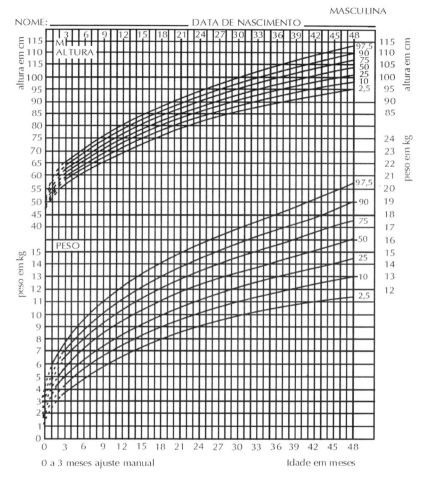

FONTE – MARQUES, R. M.; MARCONDES, E.; BERQUO, E.; PRANI, R. & YUNES, J.
– *Crescimento Pubertário em Crianças e Adolescentes Brasileiros. II. Altura e Peso.*
São Paulo, Editora Brasileira de Ciências, 1982.

GRÁFICO 16:

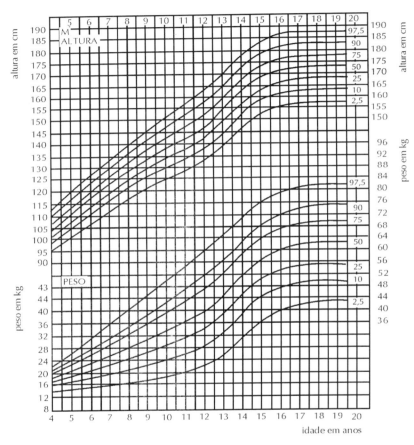

FONTE – MARQUES, R. M.; MARCONDES, E.; BERQUO, E.; PRANI, R. & YUNES, J.
– *Crescimento Pubertário em Crianças e Adolescentes Brasileiros. II. Altura e Peso.*
São Paulo, Editora Brasileira de Ciências, 1982.

Capítulo 8

A NATAÇÃO E A CRIANÇA
NATAÇÃO INFANTIL

A NOVA METODOLOGIA DE APRENDIZAGEM EM NATAÇÃO

Segundo Azevedo e Mingues e considerando que o ensino da natação tem por objetivo, na maioria das vezes, a aprendizagem dos quatro nados para um possível encaminhamento para a natação competitiva, consideramos que o aprendiz em geral não é capaz de "livrar-se " de prováveis situações negativas dentro d'água. A perda da sensação de apoio e a passagem da posição vertical à horizontal faz com que a sensação se torne nova e muitas vezes adversa. Além disso, nas piscinas, por um problema de manutenção e filtragem, torna-se obrigatório o uso de touca, o que evita o problema de cabelos escorrendo, atrapalhando no rosto, situação esta que pode ocorrer com o nosso iniciante fora da aula, tornando-o incapaz de solucionar problemas.

A educação tradicional pressupõe que tudo deve ser ensinado às crianças, e pretendemos que saibam aquilo que é válido saber. A educação construtiva, embora não diametralmente oposta a esse conceito, pretende que as crianças devem ser deixadas completamente sós para que construam seus próprios conhecimentos.

Na educação construtiva o professor dá instruções, mas baseia-se nos seguintes princípios interacionistas:

1 – As crianças aprendem rapidamente quando estão pessoalmente interessadas e mentalmente ativas.

2 – A meta de longo alcance da educação deve ser autônoma e não a habilidade de declinar as respostas 'certas'.

3 – Os professores devem reduzir sua força e estimular as crianças a debater honestamente seus ponto de vista a fim de promover o desenvolvimento das autonomias.

Segundo Azevedo e Mingues é necessário conhecermos as características e necessidades básicas das crianças de 4 a 14 anos.

A psicomotricidade da segunda infância (3-4 a 8 anos) é o período das aprendizagens essenciais. É a integração progressiva ao plano social.

Ocorre a tomada de consciência do próprio corpo, a dominância lateral, orientação com relação a si mesmo, uma adaptação ao mundo interior. Os problemas motores e psicomotores que porventura ocorram nesta etapa estão estritamente ligados aos problemas afetivos e psicológicos.

NADAR DEVE SER UMA ATIVIDADE QUE GERE PRAZER E AJUDE NO DESENVOLVIMENTO DO INDIVÍDUO

Ensinar a nadar deveria ter esses aspectos como objetivos e formações de campeões; deveria ser conseqüência de uma aprendizagem ou de ensino bem planejado e bem administrado.

Um ensino e uma aprendizagem tem que levar em conta todos os aspectos que envolvam o ser humano: criança e adulto. Aspectos entre outros, emocionais, intelectuais, fisiológico, educacionais e de desenvolvimento. Em natação o professor ou técnico está envolvido com o indivíduo, na grande maioria, ainda em desenvolvimento e por um período nem muito curto e nem muito longo, porém muito importante, do qual pode-se extrair experiências maravilhosas, mas também mais frustrante.

Existem três fatores importantes para alcançar a melhoria da natação no nosso país: um é a iniciação e a aprendizagem, o outro é o treinamento dado às crianças e aos jovens e o terceiro, o conhecimento dos profissionais sobre os processos de maturação, desenvolvimento das capacidades físicas e sua relação com a idade e a fase em que elas acontecem. Burkhardt e Escobar (1985) afirmam que a fisiologia mecanicista, ainda hoje praticada, reduz a natação ao conhecimento de braçadas e outros movimentos para impelir e equilibrar as pessoas na água.

Não existe, na postura, a preocupação de dar ao aprendiz outros conhecimentos que fariam a aprendizagem mais interessante intelectual e fisiologicamente.

O técnico de natação, apesar de não estar diretamente ligado a iniciação e aprendizagem, tem a obrigação de reconhecer que no futuro da sua equipe depende do número de nadadores com a melhor fundamentação possível. Seu trabalho ficará mais fácil e adequado se exigir esta base. Por sua vez o professor tem a obrigação de conhecer as opções das teorias que fundamentam o crescimento, a aprendizagem motora, e as outras áreas afins e é lógico os fundamentos da natação, para aplicá-las da melhor maneira possível no ensino da atividade em questão.

Wilke (1986) afirma que, na iniciação, devemos ter os melhores professores para que a base permaneça para sempre e seja da melhor qualidade.

Experiência é importante fator na iniciação, para que no futuro, quando na época apropriada para aprender a técnica dos nados, a criança não tenha dificuldades e aprenda os movimentos eficientemente.

NÃO SE PODE ESQUECER QUE A CRIANÇA APRENDE BRINCANDO, TEM LIMITAÇÕES E GOSTA DE IMITAR

Para um melhor desenvolvimento ela deve passar por experiências variadas como jogos e brincadeiras na fase de iniciação e aprendizagem, sem experiência da técnica. De acordo com Wilke (1986) todas as formas de movimento, rotatórias ou não, dentro e fora d'água, andar, correr, saltar, soprar, abrir os olhos, enfim tudo o que uma boa adaptação exige. Logo após ela passa para o domínio da água, quando ela vai sentir, pegar, enfim trabalhar a água, através de saltos, mergulhos, deslizes, flutuação, submersão, etc.; neste período, através de exercícios adequados já poderá sentir o empuxe no corpo. Os jogos e as brincadeiras fazem esquecer o medo e a preocupação.

Após estas fases de iniciação a criança começa a aprendizagem propriamente dita, que também deve ter pontilhada de diversas experiências, sendo aí interessante o ensino dos nados competitivos como o crawl, o costas, o peito e a borboleta, sem exigência da técnica.

A CRIANÇA PODERÁ APRENDER A PERNADA DE GOLFINHO NO INÍCIO DA APRENDIZAGEM, FINGINDO SER O HOMEM SUBMARINO E NADANDO OU SÓ MOVIMENTANDO AS PERNAS DE FRENTE, DE COSTAS E DE LADO, NO FUNDO DA ÁGUA.

O peixe golfinho poderá também ser imitado. Passar por cima de cordas ou dos braços do companheiro podem também ensinar à criança o movimento da cabeça deste nado. São formas que tornarão o ensino e a aprendizagem mais agradáveis.

Um dos fatores do sucesso (ou do insucesso) da natação está no treinamento das crianças e dos jovens. No livro Treinando o jovem nadador, os autores Kurt Wilke e Orjan Modsen (1986) foram muito felizes na abordagem dos aspectos do treinamento de natação. Eles entendem o treinamento esportivo como uma forma multidimensional da educação humana, associando-se aos aspectos intelectual e emocional dos participantes.

No planejamento a longo prazo apresentado no livro em questão, os autores especificam as diferentes fases do treinamento e as diferentes idades. Para as meninas o plano é o que se segue:

(I) Instrução básica, de 8 a 10 anos de idade.
(II) Treinamento básico, de 10 a 12 anos.

(III) Treinamento progressivo, de 12 a 14 anos, e
(IV) Treinamento de elite, dos 14 anos em diante.

Para os meninos as idades se modificam tendo em vista a maturação mais adiantada das meninas 8 a 10 anos, 10 a 12 e meio, 12 e meio a 15 e meio em diante.

Acreditam esses autores que a criança está mais preparada para se devotar à natação no período crítico da puberdade se for possível tirar proveito intelectual da atividade.

As peculiaridades da idade mental nesta fase permitem o desenvolvimento de atitudes positivas duradouras com relação a atividades esportivas regulares. Os autores assimilam ainda que a atividade física razoável constitui estímulos para as funções intelectuais.

Diversos autores admitem que para o indivíduo se iniciar no processo de especialização esportiva, deve apresentar níveis adequados de maturidade e experiências anteriores, (Galahue, 1982, Wilke, 1986). Existe um entendimento tácito entre estudiosos que o esporte mal administrado e em grande intensidade pode prejudicar a criança (Estado de São Paulo, 25/04/93). Porém não há um consenso sobre a forma de competição realizada em tenra idade. A competição pode ser uma forma de lazer. Se a criança for levada a competir como forma de participação e de superar suas próprias capacidades, a competição pode ser agradável, sem pressão, sem responsabilidade.

METODOLOGIA DA PROPOSTA CONSTRUTIVA

1ª Etapa: 4 aos 6 anos

Nesta etapa visamos o desenvolvimento geral da criança, procurando uma perfeita adaptação com meio líquido e visando também a sobrevivência neste meio.

Consideramos esta etapa de muita importância, por esta razão não nos preocupamos com um limite de tempo para cada fase da aprendizagem. O professor deve estar consciente da evolução da turma, esgotando todas as potencialidades de seus alunos e, antes de passar adiante deve analisar exaustivamente se foram atingidos os objetivos propostos e, se necessário for, retornar para alcançá-los na sua plenitude.

Adaptação – ao local das aulas (piscina, vestuário, ducha) ao controle dos esfíncteres, ao professor; à independência dos pais (desvinculação da presença dos pais no local de aula), à piscina propriamente: parte rasa, funda, escada, bloco, mesa, etc.... do professor aos seus alunos, sondagem das potencialidades através de estímulo (brincadeiras). Neste momento o professor estará analisando o que cada criança é capaz de fazer, para poder proceder à divisão da turma em até três níveis (grupos).

Independência dentro d'água: deslocamento com e sem auxílio do professor ou do 'caminho', através de brincadeiras variadas, ainda com o apoio dos pés no chão, ou sobre blocos, mesa, etc.

Imersão – começa desde os primeiros respingos de água no rosto. Pela observação das reações dos alunos durante esta fase o professor vai, gradativamente, aumentando o grau de dificuldade. Utiliza-se primeiramente a imersão provocada, passando-se para imersão espontânea, respeitando a individualidade de cada aluno.

O sucesso desta fase depende muito do estímulo que o professor passar para seus alunos. É muito importante a participação sempre motivadora do professor, que deve demonstrar toda a naturalidade durante os mergulhos.

Os deslocamento submersos de curta distância também são explorados sempre com algum estímulo (por exemplo: pegar objetos no fundo da piscina, etc.).

A partir do domínio do mergulho devemos favorecer e incentivar, ao máximo, a realização de atividades de destreza, equilíbrio, coordenação, velocidade, resistência moderada, lateralidade, bem como entradas na água através de saltos variados, saídas da piscina pela escadinha, com e sem auxílio do caminho, etc....

Flutuação: a) estática: ventral e dorsal, com e sem auxílio. Nesta fase procuramos trabalhar bastante a troca de posição vertical partindo-se da posição horizontal (após flutuação) b) dinâmica: ventral e dorsal com e sem auxílio. Sem batimento de pernas.

Propulsão: o objetivo desta fase é o aprendizado de formas básicas de se deslocar na água. Sem a preocupação específica de técnicas, tanto na forma dorsal como ventral, e a aprendizagem do nado utilitário, elementar humano, mais conhecido como cachorrinho.

Respiração: não constitui-se de uma etapa isolada. Os exercícios de respiração dentro da água são trabalhados durante todas as demais etapas. Desde o bloqueio respiratório (apnéia) até a fase de expulsão do ar (dentro d'água) passando pela etapa das respirações cíclicas. Sempre procurando-se dar ênfase ao ritmo respiratório.

A realização desta etapa do trabalho de 4 a 6 anos é prevista para ser desenvolvida durante o período do 4º bimestre. O professor que julgar ser possível introduzir a aprendizagem dos nados crawl e costas (fundamentos), o fará somente após esgotar todos os itens previstos anteriormente nesta proposta de metodologia.

Cabe salientar que toda esta etapa de aprendizagem ocorre de forma lúcida e que os objetivos previstos são operacionalizados pelo professor de forma que a criança os receba como um novo desafio a ultrapassar brincando.

2ª etapa: 7 aos 14 anos

O objetivo principal nesta etapa é a aprendizagem dos estilos crawl, costas e peito. O período que levarem para atingir este objetivo não está condicionado a um número x de aulas, mas sim, à evolução dos alunos.

1º Nível: todas as etapas iniciais de aprendizagem e ainda fundamentos dos nados crawl e costas.

Estará apto para passar ao segundo nível o aprendiz que dominar a atenção do próprio corpo dos nados crawl e costas, além de respiração rudimentar e cíclica, coordenação de movimentos de braços e pernas, sendo capaz de atravessar uma piscina (16 metros). Nesta fase é importante não só a riqueza de gestos e movimentos mecânicos que facilitem a ação 'defensiva' de adaptar ao meio, como também a educação do comportamento e atitudes do homem frente a esse meio (Leonea Vitória Santiago).

Sempre levando em consideração que quanto maior o número de experiências maior será a capacidade de resolução de problemas dentro de cada objetivo.

Propomos a utilização da seqüência: flutuação, propulsão, respiração, com abordagem ampla em todos os planos e posições (vertical, horizontal, de frente, de costas, submerso, etc..)

2º Nível: aperfeiçoamento das técnicas dos nados crawl e costas, com ênfase na respiração lateral, fundamentos do nado de peito;

vivências de atividades aquáticas alternativas (nadar de roupa, sapato, prática de nados utilitários).

3º Nível: oportunizar maior aprendizado dos nados, com adaptação a não ter pé, mergulhos e saltos na piscina funda e adaptação do método de trabalho da piscina semi-olímpica. O aprendiz deverá ser capaz de nadar um percurso de no mínimo 25 metros (sem ter pé).

A natação passou por muitas fases e foi adaptando-se aos anseios da era moderna.

CATTEAU E GAROFF (1968) resumiram as formas de aprendizagem da natação em três correntes fundamentais:

CORRENTE ANALÍTICA – preconiza formas coletivas de trabalho sob a orientação do professor. Utilização de exercícios educativos como meio de chegar a aprendizagem. A natação é restrita aos movimentos dos nados.

CORRENTE GLOBAL – não há um método, e a aprendizagem é lenta devido às necessidades do momento. Existe a participação ativa do aluno. É uma construção de interesses.

CORRENTE MODERNA – é a concepção mais recente e racional. E a reunião dos pontos positivos de outros métodos. Não se limita aos aspectos formais particulares dos estilos. Procura o equilíbrio (como base na posição horizontal) da técnica respiratória e a unidade de propulsão.

Todas essas correntes aplicam-se às metodologias que nos referimos anteriormente, todas devem ser analisadas e estas correntes devem ser estudadas pelos profissionais, mas no momento há mais utilizada, é a corrente moderna.

EM QUE IDADE SE ESTABELECE A MELHOR PERFORMANCE EM NATAÇÃO?

A finalidade é esclarecer alguns conceitos acerca da idade em que se podem realizar as melhores performances na natação e delimitar até que idade se pode e deve seguir competindo nesta modalidade.

Existe um desejo verdadeiramente sincero em tentar acabar com as nefastas noções de que o 'nadador pode render somente até os 18 anos', ou 'um nadador de 22 anos é um velho, já está acabado', etc....

Temos visto que não só a discussão, mas o preconceito ainda perduram.

No Brasil um nadador começa sua etapa de treinamentos e competições com 8-9 anos, e a maioria abandona por diversos motivos em duas fases distintas:

    1 – Dos 14 aos 15 anos, por excesso de treinamento, megavolumes, altas porcentagens de esforço, desmotivações, falta de objetivos, etc....

    2 – Dos 18 aos 20 anos, devido ao estudo universitário.

Sem polemizar sobre os fatores que obrigam os nadadores a abandonar a carreira, o propósito deste estudo é demonstrar que é exatamente após os 18/20 anos que os nadadores podem obter as melhores performances nesta modalidade.

Todo raciocínio se efetuará tendo por base um estudo científico muito valioso efetuado por autores japoneses, que investigaram o desenvolvimento da capacidade máxima do oxigênio em nadadores de primeira categoria. Sabendo através da fisiologia que o oxigênio e atividade física estão intimamente relacionados.

A quantidade de oxigênio consumida é o fator que limita o rendimento em todas as provas (prova incontestável disto são as grandes metragens ministradas pelos treinadores tanto à nadadores velocistas, meio-fundistas e fundistas).

Pois bem, tem-se demonstrado que a natação aumenta ou mesmo dobra a necessidade de oxigênio, já que é uma das modalidades mais energéticas do ponto de vista metabólico, que trabalha a totalidade do organismo.

Para medir a capacidade máxima de oxigênio dos nadadores, os investigadores japoneses realizaram o seguinte procedimento: os nadadores corriam sobre uma esteira rolante cuja velocidade aumentava gradualmente até chegar a um máximo de 250 metros por minuto para os homens e 200 metros por minuto para mulheres.

O ar expirado durante a experiência foi analisado pelo expirômetro, que permitia determinar a quantidade de gases (oxigênio, gás carbônico, nitrogênio), minuto a minuto. Foram escolhidos para os testes 26 homens e 20 mulheres, classificados como excelentes nadadores e outro grupo de 43 homens e 32 mulheres classificados como bons nadadores.

Com esse método concluiu-se que a capacidade máxima de oxigênio foi uma média de 4.411 O_2/min (1.02/min-litros de oxigênio por minuto) para os homens de 2.871 O_2/min para as mulheres.

Estas mesmas medidas em pessoas sedentárias são de 1,5 à 2.1 O_2/min e 1 à 1.51 O_2/min respectivamente.

Isto nos demonstra como a natação aumenta o consumo de oxigênio até quase o dobro. No Japão, por exemplo, a capacidade máxima de oxigênio é 40 % maior em nadadores e 50% maior em nadadoras em relação a indivíduos do mesmo sexo, idade e altura. As determinações efetuadas pelo grupo japonês coincidem com as de outros investigadores de distintas partes do mundo.

Assim Rowel e outros (USA) Sattim e outros (SUÉCIA) registraram 4, 80 e 5, 0102min respectivamente para seus nadadores.

A ventilação pulmonar máxima destes nadadores (ou seja a capacidade respiratória total) que resulta do quociente freqüência respiratória por volume de ar respirado foi de 129, 4102/min para os homens e 76, 8102/ min para mulheres.

A cifra aceita como normal em homens e mulheres sedentários é de 6 a 8102/min.

Outro paramento investigado nesta experiência realizada na Universidade de Nagoya foi a determinação da capacidade máxima de oxigênio em nadadores em relação à idade.

As conclusões foram:

1 – A capacidade máxima de oxigênio nos rapazes aumenta proporcionalmente com a idade de 12 aos 18 anos.

2 – Na mulher esta capacidade permanece constante dos 12 aos 18 anos, não registrando aumento significativo.

Estas duas conclusões também são válidas para jovens não atletas, mas recomendamos que os nadadores possuam uma capacidade de oxigênio 40% mais elevadas que eles.

A última determinação deste trabalho foi a comparação dos recordes dos nadadores com as respectivas idades. Para isto escolheu os seis melhores nadadores que estabeleceram recordes em 100 e 400 metros nos campeonatos da Universidade Nacional, Colégio Secundário e Colégio Primário.

Comprovou-se que os recordes de 100 m e 400 m nos rapazes foram progressivamente melhorando com a idade. Por outro lado, o melhor recorde nas mulheres figura entre os 17 e os 19 anos.

As conclusões desta última parte da experiência foram:

a – Para chegar ao êxito no plano competitivo os nadadores não devem deixar de praticar o treinamento sistemático até os 19-20 anos, idade em que a capacidade de oxigênio chega a seu nível máximo.

b – As nadadoras podem estabelecer sua melhor performance entre os 15 e 17 anos porque aos 12-13 anos não há aumento significativo da capacidade de oxigênio.

SÓ PARA JAPONESES?

Pode comentar que este estudo só tem valor para ambiente de natação japonesa.

Dois pontos ocorrem para que não ocorra tal fato.

Em 1º lugar a estatura média do grupo de rapazes foi de 1,71m com peso médio de 71 quilos. Para as mulheres os valores médios foram de 1,62m e 57,5 quilos.

Como podemos ver estes números em nada diferem do homem médio comum utilizado como 'padrão' nos estudos médicos (1,70 m de estatura e 70 quilos de peso).

Em 2º lugar os valores japoneses são similares aos de outros autores de distintas partes do mundo (U.S.A-SUÉCIA).

Por outro lado os valores determinados para os jovens não-atletas não diferem acentuadamente com os aceitos como normais em nosso país.

As conclusões que se pode extrair deste trabalho são muito valiosas.

A progressiva conscientização deste tema permitirá ao binômio treinador-nadador um real conhecimento das possibilidades de progresso e impeça que o nadador se retire da prática ativa no preciso momento em que sua evolução fisiológica está em condições de realizar sua melhor performance na natação.

A COMPETIÇÃO E A CRIANÇA

A incoercível necessidade de movimento da criança até o final da segunda infância não parece ter a menor relação com a rigidez do treinamento desportivo ainda que atenuada por certa complacência etária. É verdade que ela exige incessante atividade, sempre porém em caráter lúdico, mal discriminada em termos de objetivos comportamentais explícitos. Basta-lhe o jogo para que se desencadeie o desenvolvimento da força, da resistência física e da coordenação percepto-motora.

Tal ação terá que ser necessariamente livre, sem regras, sem preciosismo perfeccionista que lhe entravem o natural egocentrismo.

Portanto, achamos condenável a prática esportiva antes da terceira infância, pois o caráter normativo, regrado, disciplinado, da atividade desportiva se opõe à gratuidade e à descontração autotélica das crianças mais novas. Obviamente que em tal condenação não incluímos a imitação do comportamento desportivo do adulto.

Ao concedermos à criança a oportunidade de imitar livremente o comportamento de adultos, estamos estimulando-a a exercícios de espaço de Movimento Livre, desde que sua atividade esteja a fluir descompromissadamente ao sabor de seus caprichos, livremente, sem correção e interferência perfeccionista do educador.

Só que não entendemos que tais brincadeiras podem ser reconhecidas como treinamento desportivo. A estrutura de seus movimentos, seus recursos atuais e principalmente os seus fins são totalmente divergentes das que terá de executar mais tarde quando em prática de atividade desportiva.

Somente a partir da terceira infância a criança dispõe de suficiente maturidade sensório-motriz para ser empenhada em atividades de treinamento. Além do mais, a progressiva redução da fantasia já lhe permite a organização do pensamento e a compreensão das regras do jogo da sua aceitação.

Outrossim esse progresso intelectual reduz a vaga indeterminação de interesses (características da segunda infância) permitindo a concentração da atenção e do interesse sobre algum objeto ou fato preferencial específicos.

Progredindo assim, nas áreas matriz, intelectual e emocional, a criança da terceira infância pode iniciar seus primeiros avanços no respeito às regras, na aceitação das restrições, no reconhecimento dos direitos alheios, na consciência do valor mutável das convenções, lançando-se nos primeiros passos de socialização moral sempre presente na ação competitiva da iniciação esportiva.

Por tudo isso, o esporte exerce funções diretamente ligadas às novas exigências comportamentais necessárias à satisfação das novas necessidades surgidas no decurso do desenrolar da etapa. Antes disso, o treinamento esportivo não passa de processo sofisticado de brutal domesticação, mesmo se culminar na glória consagradora do sucesso olímpico.

Ao contrário, para o adolescente o valor educacional do esporte ressalta à vista de qualquer observador despreparado.

Nessa etapa surgem tantas novidades e transformações à busca do seu autoconhecimento para descobrir que, apesar de multiplicidade das modificações sofridas, ele não perdeu sua própria identidade.

Tal esforço de confirmação de identidade exige-lhe a experimentação do comportamento para que logre delimitar o quadro de seu potencial, suas limitações, capacidades e aspirações. Nesse comprometimento adaptativo uma das primeiras crises será a perda dos automatismos motores, tão arduamente logrados ao termo de dez anos de esforços de maturação e aprendizagem. Nada será, então, melhor do que o esporte para socorrê-lo ensejando-lhe a reorganização matriz rompida com o crescimento.

Simultaneamente ao esforço que lhe traz a reconquista de equilíbrio motor, surgem a Integração Social, sempre tão decisiva na etapa e tão disposta aos benefícios advindos da prática desportiva. Nela que o adolescente encontrará as melhores condições para descobrir a importância da aceitação das normas que regem os modos de convívio social, o abandono daquelas que já não mais se revelem úteis e a tranquila renovação das que se mostrem parcialmente aproveitáveis.

Frequentemente o comportamento esportivo permite a experimentação da validade de regras, da satisfação e da necessidade de afirmação, das egotistas exigências de exibicionismo, da compreensão dos valores até à noção do bem e mal, o controle das emoções e o exercício de imaginação.

Entre tantas vantagens, o esporte só não se recomenda para o adolescente se praticado coercivamente contra sua motivação. Também será arriscada a prática desportiva que escapa à mira e ao controle de um educador competente, que evite os riscos de desvios de agressividade, naturais no antagonismo da rivalidade competitiva.

Contrariamente ao que ocorre na terceira infância, o treinamento desportivo do adolescente já poderá abranger preocupações de nível de desempenho, pois nos últimos estágios da fase do adolescente está sistematicamente organizado todo o desenvolvimento etário a fim de proceder sua integração social segundo o sistema pessoal de rendimento, diga-se, porém, que, salvo em casos individuais expressivamente raros, o rendimento aqui não trata de genuína formação técnica desportiva do atleta especializado – profissional ou amador – orientado para a atividade produtiva adulta.

Em lugar dela, o que se pretende é a mera orientação para a atividade permanente de todos os educandos envolvidos no processo, dentre os quais apenas alguns, por interesse profissional ou lazer, serão levados ao tipo de treinamento voltado para o rendimento adulto genuinamente produtivo.

Uns e outros, porém, terão muito a se desenvolver se forem levados a práticas desportivas que lhes estimularão a criatividade.

Na adolescência o treinamento esportivo é uma necessidade geral que abrangerá a todos e não somente aos atletas.

A partir daí, mesmo para o homem maduro a atividade desportiva será saudável como ação estimulante de todas as suas funções fisiológicas, da conquista de seu equilíbrio neurológico, de catarse de suas tensões, do desempenho de todas as suas potencialidades e capacidades, de seu nível de socialização, do usufruto de suas próprias satisfações.

Até mesmo as tensões sexuais, porventura insuspeitamente presentes, poderão ser atenuadas por mecanismos de sublimação de vida, não só esgotamento causado pelo consumo de energia despendida durante o desempenho atlético, mas de exercício de outros sistemas de satisfação compensadora de satisfação da necessidade reprimida.

Fica deste modo entendido que a prática esportiva pode entre outras funções – recreativa, robustecedora, higiênica etc. – exercer também o papel de instrumento educativo, pois o movimento é um elemento poderoso para relacionar o Eu com outras regiões do ambiente no enriquecimento do Espaço de Vida.

Não obstante, para tal desempenho ele terá que se situar em região que seja acessível ao espaço de Movimento Livre. Dito de outro modo: o novo movimento será importante para a educação enquanto resultar de reorganização de experiência matriz acumulada com a formação de um novo padrão de comportamento ajustado.

É por isso que a prática esportiva precoce é inoportuna. Antes da maturidade sensório-motriz da terceira infância o treinamento preciso de movimentos – embora possível e até, às vezes, capaz de atingir um bom rendimento – será uma impertinência que violenta o educando com a sobrecarga da resposta que não lhe foram passíveis de assimilação.

Não convém que se corrija a execução dos movimentos segundo um modelo de perfeição final antes que a criança haja conseguido o domínio do ato de movimentar-se e de relacionar egocentricamente seus movimentos com as regiões externas de seu ambiente físico ou social

Só depois de ultrapassada a imprecisão do movimento é que haverá condições para se sentir enriquecida com as exigências de execução de novos movimentos formalmente corretos. Antes disso, a obrigatoriedade de correção e de precisão – podendo, embora, levar a um desempenho melhor apreciado pelo observador – não lhe haverá de enriquecer a personalidade, nem lhe alargará e muito menos consolidará o Espaço de Vida.

A criança tem tanto movimento gratuito a executar, partindo das suas necessidades motrizes mais imediatas que obrigá-la ao exercício de qualquer outro movimento diferente dos que lhe a pertencem só servirá para perturbá-la e frustrá-la. Ela precisa que o Educador a estimule a movimentar-se e a deixe descobrir que também ele se alegra e aprova graças a essa motricidade espontânea que a encanta. Ela necessita confirmar que seus movimentos lhe conferem o respeito e a admiração que ela deseja e merece.

Do educador o que ela espera são condições adequadas para que possa exercitar seus movimentos sem ameaças de censuras constantes do "não é assim, está errado, repita outra vez, tentemos melhor agora". A ele caberá escolher o movimento preferível como ele se torna o melhor acesso entre várias regiões do seu 'Espaço de Vida'. Não se trata aqui de melhor a fins de obter um resultado objetivo específico, porém melhor no sentido do que mais lhe apraz e realiza.

Qualquer aperfeiçoamento imposto ao movimento que seja alheio ao sentido centrífugo de expansão de personalidades não passará de deplorável êxito de domesticação, uma escola ativa de violência antieducacional, pois o movimento, então bem feito, vai servir apenas para lhe dar uma sensação de incapacidade de iniciá-la na conformação com os sentimentos de impotência.

Só partindo da formação da consciência de movimento é que poderemos chegar aos processos do seu aperfeiçoamento técnico.

Isto é: o treinamento esportivo só deve se iniciar depois que o educando já aprendeu a se movimentar, e não o contrário.

PAPEL DOS ADULTOS NAS COMPETIÇÕES INFANTIS

A liga de beisebol dos Estados Unidos fez um estudo, vários anos atrás, em função das séries mundiais.

Registrou-se a pressão arterial e a freqüência cardíaca das equipes ganhadoras e perdedoras.

Foi muito interessante comprovar que, durante várias horas, todas as pressões e freqüências cardíacas foram normais exceto a dos pais. Os pais experimentaram uma grande ansiedade e suas pressões se mantiveram altas enquanto as criança competidoras se divertiam na piscina do hotel. Entre os jovens não era possível descobrir quais eram os ganhadores e os perdedores.

Muitas vezes, os jovens atletas encontram-se em situações que não satisfazem seus companheiros, pais ou dirigentes. Muito freqüentemente encontram-se envoltos num ambiente competitivo em que predomina '**o ganhar a todo o custo**'.

Algumas vezes, aproveitamos da inocência das crianças, os adultos os utilizam como elementos de propaganda: propaganda para o clube, para a escola ou para o regime político do seu país.

A SÍNDROME DA SATURAÇÃO ESPORTIVA

A natação é o símbolo do desporto competitivo para crianças. É onde se tem realizado algumas observações sobre efeito à distância dos treinamentos intensos. Não se conhecem danos físicos, mas parece haver danos psíquicos potenciais. Um estudo feito na Suécia, em 1980, demonstrou que os jovens nadadores, que treinavam quatro a cinco horas diárias, dez anos depois das competições, haviam abandonado todo tipo de atividade física.

Na Alemanha, estudos no Atletismo mostra que as crianças que eram treinadas com pesos e sessões técnicas, jamais chegaram a idade adulta em condições de produzir elevadas performances, quando não abandonavam a modalidade antes.

Na Finlândia, após um programa de dez anos onde se procurou incentivar os jovens com a criação de equipes até aos 12 e 14 anos, nenhum chegou a participar de equipes nacionais na idade de 22 e 23 anos.

A Síndrome da Saturação Desportiva, como fala Carvalho Pini no livro 'Filosofia Esportiva', observando-se principalmente por apatia, indiferença e aversão pela prática do desporto e outros com ele relacionados, exatamente no momento em que deveriam ser mais intensamente praticados e cultivados (17 e 20 anos).

É sadio que as crianças participem de competições entre si mesmas, através de jogos, que se esforcem por superar suas próprias marcas, de que tentem melhorar suas habilidades para executar melhor as habilidades básicas do desporto, como encestar, lançar, bater, receber e passar a bola.

Mas não é bom que as crianças, induzidas pelos adultos, joguem para ganhar a todo custo, burlem o jogo honesto ou que sejam castigadas por uma derrota.

Capítulo 9

BIOLOGIA DO TREINO

BIOLOGIA DO TREINO E DO ESFORÇO DAS
CRIANÇAS E DOS JOVENS

1 – Desenvolvimento corporal e crescimento das crianças e dos jovens

O desenvolvimento e o crescimento desde a infância até a idade adulta, realiza-se com base numa multiplicidade de fenômenos orgânicos.

Sob o ponto de vista biológico, entende-se por desenvolvimento, a totalidade dos processos especializados e diferenciados das formas corporais e das funções, levados desde o ovo fecundado até o organismo adulto formado.

É determinado pelos fatores genéticos e influenciado pelo meio ambiente. Desenvolvimento é mais um termo qualitativo, que é conhecido através do aumento da massa corporal, do peso e da altura do corpo.

Assim compreende-se a necessidade da captação de matérias provenientes do meio ambiente, do leite materno no caso de recém-nascido e mais tarde das substâncias alimentares. Essas substâncias não são apenas utilizadas para a construção corporal, mas também como elementos fundamentais e indispensáveis para o metabolismo energético. O organismo obtém delas a energia para cada movimento, trabalho corporal e também atividades desportivas.

A intensidade de crescimento exprime-se pelo aumento de peso e altura corporais em determinado espaço de tempo, por exemplo 1 ano.

O gráfico 17 representa o comportamento médio do aumento relativo do peso corporal (%) observado num grande número de crianças e jovens de sexo feminino e masculino (H.U.MEREDITH).

GRÁFICO 17:

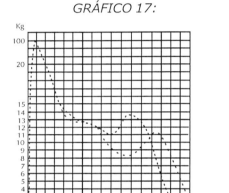

NOTA – O crescimento realiza-se com resultado do aumento do volume, do peso e do número dos muitos milhões de células do corpo.

Fica bastante claro que a intensidade relativa mais elevada do crescimento se situa no recém-nascido e na fase imediatamente a seguir. Esta intensidade desce regular e continuamente, mostrando todavia um aumento por volta dos 10 a 14 anos no caso das moças e entre os 12 e aos 16 anos no caso dos rapazes, num período chamado de Puberdade. A intensidade do metabolismo com fins de formação é neste período mais acelerado. Neste período fortemente vocacionando para o crescimento e formação, o metabolismo energético de esforço não deve ser solicitado através de um trabalho corporal muito intenso e desadaptado dos jovens em questão.

As transformações da intensidade de crescimento e das proporções corporais com diferentes crescimentos transversais e longitudinais, diferenciam-se esquematicamente nas seguintes fases:
- Recém- nascido/1ª infância – até os 5 anos de idade.
- 2ª infância – 5 aos 7 anos de idade.
- 3ª infância – 7 aos 10 anos de idade.
- Pré-puberdade – 10 aos 12 anos de idade – moças.
- 12 aos 14 anos de idade – rapazes.
- Puberdade – 12 aos 16 anos de idade – moças.
- 14 aos 18 anos – rapazes.
- Adolescência – até aos 21 anos de idade – moças.
- Até aos 22 anos de idade – rapazes.

No primeiro período de mudanças da forma, dá-se a transformação da 1ª infância, onde a cabeça e o tronco são relativamente grandes e os braços e as pernas relativamente curtos, para as formas da 3ª infância através de um forte crescimento dos braços, das pernas, dos ombros, da bacia assim como os sistemas muscular e esquelético.

O segundo período da mudança da forma, dá-se durante o amadurecimento pubescente, a transição da moça para a mulher e do rapaz para o homem. É um período de grande crescimento e freqüentemente com desequilíbrio psicossomático.

Pré-puberdade – é reconhecida através de um grande crescimento longitudinal, particularmente dos braços e pernas, freqüentemente também através de uma diminuição da harmonia entre a forma e a função do corpo, assim como através de uma forte evolução das características sexuais.

No caso do jovem nascem pêlos púbicos e axilares assim como a barba. No caso das moças inicia-se o aparecimento dos seios, o acentuamento das ancas, assim como um forte desenvolvimento dos órgãos sexuais internos. A pré-puberdade nas moças termina com o aparecimento das primeiras regras (menstruação) (normalmente entre os 12 e 13 anos) e no rapaz com a primeira ejaculação espermática (dos 14 aos 15 anos).

A puberdade é caracterizada por uma redução progressiva do crescimento longitudinal, um restabelecimento da harmonia entre as formas e as funções corporais e a total expressão das características sexuais.

No caso do rapaz pode observar-se um forte desenvolvimento na cintura escapular (zona dos ombros), na arcada peitoral da musculatura na sua totalidade. No caso da moça desenvolve-se, agora, totalmente, as formas tipicamente femininas. No período posterior dá-se uma nova formação, espelho das características e qualidades pessoais, determinadas pelos fatores genéticos e do meio ambiente.

Um crescimento e desenvolvimento ideais (no melhor possível) são dependentes de uma alimentação ideal. Esta alimentação deve conter em qualidade ideal, todas as substâncias ou elementos que o organismo necessita para o metabolismo de formação corporal e energético. Estes elementos são: proteínas, hidratos de carbono, gordura, sais minerais, vitaminas e água. Tanto uma alimentação excessiva como uma alimentação deficitária exercem uma influência negativa no desenvolvimento do rendimento. O desenvolvimento e o crescimento são também influenciados pelo meio social envolvente da nossa civilização técnica, composição atmosférica através dos dejetos de indústrias e da circulação de automóvel, bebidas alcoólicas, tabaco, drogas, além de outras.

O desenvolvimento, o crescimento, e a evolução do rendimento das crianças e dos jovens são condicionados pelos fatores atuantes do meio ambiente aliados a um tipo e medida de treino físico e desportivo. Uma das missões mais importantes de cada professor, treinador ou animador é agir da forma o mais ideal possível a fim de evitar com sua ação efeitos perniciosos no organismo jovem.

DESENVOLVIMENTO CORPORAL E DESENVOLVIMENTO DO RENDIMENTO

O corpo da criança e do jovem assim como o seu rendimento desenvolvem-se dentro de uma lei de correlação.

O desenvolvimento dos rendimentos de curta, média e longa duração encontram-se em dependência natural com o crescimento, aumento do peso e do volume corporal, assim como a diferenciação de todo corpo e dos seus órgãos. Por exemplo: como podemos observar no gráfico 18, a força dos braços e das pernas aumentam em média, proporcionalmente com o peso corporal.

GRÁFICO 18: *Desenvolvimento linear de força dos extensores da perna e dos flexores do braço em relação com o peso corporal de crianças e jovens dos 7 aos 17 anos de idade (Asmussem/Nielsen)*

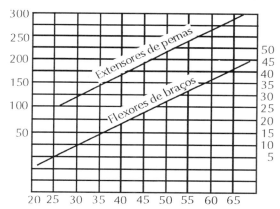

A força média por quilo de peso corporal permanece aproximadamente igual na criança e no jovem. No seguimento de investigações referentes a esforços de média e longa duração nos jovens, chegar-se-ia provavelmente a conclusão semelhantes.

Também o consumo máximo de oxigênio calculado por quilo de peso corporal ($cm^3/O_2/kg$) é aproximadamente igual (média), segundo experiências do investigador Sueco Astrand, na criança e no jovem e não menor que os valores do adulto como mostra o gráfico 19.

Segundo o gráfico 19 qual será o valor do consumo máximo de oxigênio por exemplo num jovem de 12-13 anos, e num adulto de 20-30 anos?

Ele atinge tanto no jovem de 12-13 anos como no adulto de 20-30 anos 50/60 ml/kg. Podem desenvolver-se através de um treino de resistência adaptado às idades, corações mais rentáveis e mais volumosos.

GRÁFICO 19:

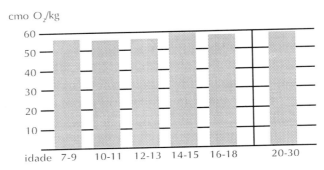

Consumo máximo de O_2 por minuto e por quilo de peso corporal na criança, no jovem e no adulto (ASTRAND)

No que se refere ao volume possuem um valor relativo superior a 11 ml/kg (comparar c/gráfico 20).

GRÁFICO 20: *Volume cardíaco em cm^3 por quilo de peso corporal, em jovens de 12 a 19 anos de idade e em adulto (Mussohf Reindell, Konig)*

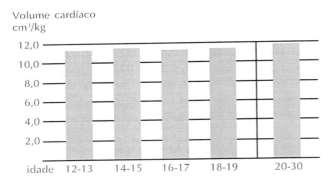

A relação média entre o rendimento orgânico (resistência) e o rendimento da força com o peso corporal entre crianças, jovens e adultos de 20-30 anos de idade não deixa reconhecer diferenças significativas. O tempo de recuperação dos jovens no seguimento de

esforços de curta e média duração sob forma competitiva não é superior (em média) aos tempos de recuperação observados em adultos de 20-30 anos de idade (ver gráfico 21).
Siga atentamente o percurso das curvas no gráfico 21. Os (160) jovens (linha contínua) obtiveram em média valores mais elevados de freqüência cardíaca que os (100) adultos depois de esforços máximos de três a seis minutos no Ergômetro (aparelho que mede o rendimento). Mas a curva descendente de recuperação depois dos esforços máximos não é mais lenta nos jovens que nos adultos.

GRÁFICO 21:

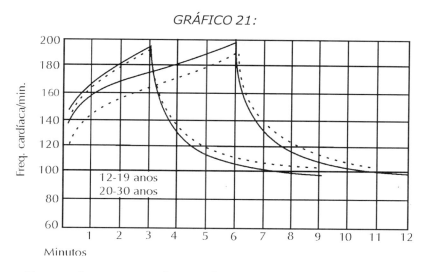

Tempo de recuperação cardíaca de 160 jovens (do sexo masculino) de 12 a 19 anos de idade e de 100 homens de 20 a 30 anos de idade depois de esforço máximo de 3 a 6 minutos de duração no ergômetro (Mellerowicz).

O DESENVOLVIMENTO DO RENDIMENTO NAS CRIANÇAS E NOS JOVENS

Você ainda lembra das duas aulas de Educação Física quando freqüentava a escola? Ainda se lembra como eram diferentes os resultados dos camaradas da turma, por exemplo 100 metros no salto em distância, salto em altura e outros exercícios?

E como diferiu de uns para os outros a evolução desses resultados nos anos seguintes! Haverá nesta amostragem desregrada alguma norma do desenvolvimento do rendimento? Por exemplo: será que a força aumenta nas crianças e nos jovens de uma forma característica regular com diferenças consideráveis entre os rapazes e moças?

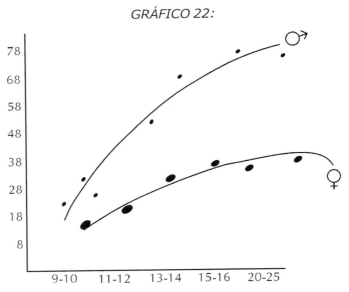

GRÁFICO 22:

Desenvolvimento da força muscular geral do início da puberdade ao fim da adolescência em homens e mulheres (Asmussem /Nielsen)

Para esclarecimento desta questão foram realizados trabalhos estatísticos de milhares de resultados. Os valores médios obtidos nos esforços de curta duração como por exemplo nos 100 metros, no salto em comprimento e no salto em altura mostram uma curva típica. Observe o gráfico 23. O aumento do rendimento é em média maior nos jovens de idade mais baixa entre os 13 aos 16 anos de idade.

A curva de rendimento sobe quase na vertical. Nos jovens de idade mais avançada, o aumento do rendimento é progressivamente menor de um escalão etário para outro.

GRÁFICO 23:

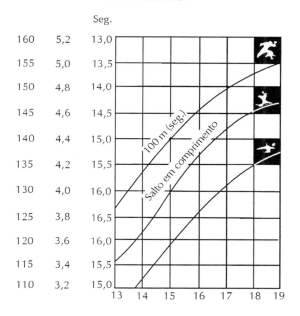

Curvas de resultados obtidos em 100 metros, salto em distância e salto em altura por jovens do sexo masculino dos 13 aos 19 anos de idade

Nas três curvas de rendimento do gráfico 24 podem observar as médias dos resultados nos 100 metros, salto em comprimento, e salto em altura de jovens do sexo masculino dos 13 aos 19 anos de idade.

Quais são os valores médios da corrida de 100 metros, salto em distância e salto em altura dos jovens de 15 anos do sexo masculino?

100 metros –   14, 9 segundos
Salto em comprimento –   4 metros
Saltos em altura –   1,18 metros

GRÁFICO 24: Programação dos rendimentos médios obtidos por jovens dos 12 aos 19 anos de idade em 1.000 metros (segundo Stemmler)

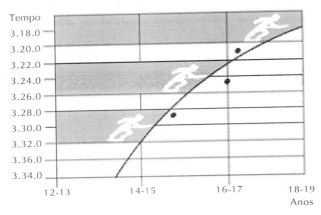

A evolução dos rendimentos em média e longa duração apresentam provavelmente as mesmas (ou semelhantes) curvas.

O gráfico 25 apresenta os valores médios da evolução do rendimento de 8.000 jovens dos 14 aos 19 anos de idade, numa corrida de 1.000 metros.

GRÁFICO 25: Capacidade de treino da força em jovens e adultos do sexo feminino e masculino (Hettinger, Muller)

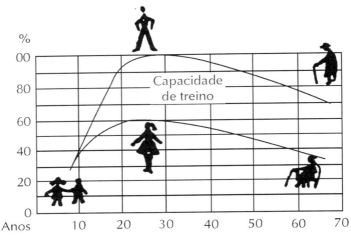

O desvio dos melhores e piores resultados, do resultado médio, é, como se pode imaginar, considerável.

Os valores médios não são determinados ao acaso, mas correspondem a uma determinada regra matemática.

Você lembra das suas próprias marcas quando jovem, na corrida de 100 metros, salto em distância ou salto em altura? Quantos segundos ou centímetros ficavam elas abaixo ou acima dos resultados médios que estão representados no gráfico 23?

A CAPACIDADE DE TREINO DAS CRIANÇAS E DOS JOVENS

A capacidade das crianças, jovens e adultos no treino da força foi investigada sob uma forma comparativa, por Hettinger e E.A Muller. Na representação esquemática (gráfico 25) resultantes destas investigações, pode-se observar o decurso em forma de curva, da capacidade de treino das crianças e jovens.

Permanentes e elevadas exigências físicas aos jovens desportistas originam inibições e perturbações no desenvolvimento. Por vezes essas perturbações são agravadas por outras que ao mesmo tempo têm lugar, como sejam por exemplo as de tipo profissional, sexual, situações psíquicas conflituosas, etc.

O desenvolvimento e o crescimento da criança e do jovem, assim como a formação de seu organismo deve ser solicitada através de desportos de vários tipos. A especialização deve apenas aparecer como base, numa formação orgânica geral alargada. O treino deve ser adaptado às possibilidades da criança e jovens, isto é, deve estar de acordo com o estado que se encontra o seu desenvolvimento e crescimento. Isto é particularmente importante na fase de desequilíbrio psicossomático que aparece na puberdade.

O desenvolvimento geral do organismo pode ser prejudicado por uma especialização precoce, sem base prévia, num trabalho de caráter geral e variado. O desenvolvimento, o crescimento e o prazer da prática desportiva podem ser imbuídas através de um treino desmedido (muito longo, muito duro) e não adaptados aos jovens. Por outro lado, será insuficientemente fomentado o desenvolvimento dos órgãos internos se for muito reduzida a quantidade de treino de resistência.

INFLUÊNCIA DO DESPORTO NO DESENVOLVIMENTO CORPORAL DAS CRIANÇAS E DOS JOVENS

Com certeza já se interrogou, se o desporto exerce uma ação comprovada sobre o desenvolvimento corporal e o crescimento dos jovens e até dos adultos.

Para responder a esta questão, há alguns decênios foi realizada uma investigação por Mathias e Godin.

Um grupo de jovens praticou desporto durante um largo período de tempo, um outro grupo não praticou desporto.

A comparação dos resultados comprovou uma influência positiva do treino particularmente sobre o desenvolvimento corporal no eixo transversal, e não longitudinal. Desenvolveram-se mais acentuadamente a cintura escapular (zona dos ombros, peitorais, etc...) os braços tornaram-se mais fortes e as pernas mais volumosas.

Isto foi igualmente comprovado com uma metodologia semelhante realizada com gêmeos.

O gêmeo que praticou desporto, apresentou um maior desenvolvimento no eixo transversal, é mais forte e mais resistente.

Um treino duro de força máxima com halteres na posição em pé ou sentada não deve utilizar-se com crianças e jovens, a não ser depois da maturação da coluna vertebral.

O treino desportivo exerce uma influência positiva sobre o desenvolvimento e crescimento do sistema muscular e esquelético, coração, circulação do sangue e pulmões. A inexistência de atividade exerce uma influência negativa sobre os processos de desenvolvimento e crescimento. Este fato hoje em dia observa-se em grande escala quando analisamos os jovens: eles têm vários problemas relacionados com a altitude, e problemas relacionados com fraca resistência e constituição muscular. Com origem neste fato desenvolvem-se mais tarde, doenças típicas do sedentarismo (inexistência de movimento), que proliferam na nossa civilização atual de uma forma mais acentuada que o cancro e as doenças infecciosas.

Capítulo 10

FORÇA MUSCULAR

A IDADE DA FORÇA MUSCULAR E OS FATORES QUE INFLUENCIAM NA FORÇA MUSCULAR

Inegavelmente, em cada movimento ou em cada atividade física de que um ser humano participe na manifestação de um trabalho muscular pode ser dividido em dinâmico e estático. Por trabalho dinâmico entendemos aquele trabalho onde há uma modificação no comprimento muscular, já o trabalho estático é aquele onde ocorre um desenvolvimento de tensão sem modificação aparente do comprimento muscular (Werneck, 1986).

O propósito deste estudo é fazer uma abordagem sobre a força muscular revisionando ou transliterando sua divisão e aspectos gerais através de um delineamento que estréia ao alcance de todos os interessados no assunto.

Para Werneck (1986) é necessário antes de mais nada entender que a força e sua terminologia formal são consideradas sem exceção, sob o duplo aspecto da força geral e específica. Para nós, acima de tudo, é preciso compreender que estes dois tipos de força se inter-relacionam e se necessitam, portanto, uma não pode prescindir da outra.

A força geral é a força exercida pela totalidade dos grupos musculares ou a quase totalidade e, por outro lado, a específica está ligada a uma determinada atividade laboral e/ou a um dado esporte.

Não obstante esta pequena diferenciação, pesquisadores procuram oferecer outra divisão de força de acordo com a sua manifestação (Werneck 1986, Waszny 1982, Holimann 1983, Hegedus 1984). Nesta divisão a força é compreendida de três formas, mas como já dissemos, interconectadas força máxima (dinâmica ou estática) força explosiva e força de resistência.

A força máxima, segundo Hegedus (1984) é a força muscular que se manifesta através de uma tensão máxima estática. Sob outro prisma Werneck 1986 entende que a força máxima subdivide-se em duas: dinâmica e estática. Para ele a dinâmica seria a maior força que o sistema neuromuscular pode realizar por contração voluntária, contudo Holimann (1983) preconiza não ser possível exercer-se a força máxima "absoluta" fora da situação de estresse (susto, medo, etc.) hipnose, ou pela ingestão de substâncias farmacológicas (doping) habitualmente a força máxima e atende de forma isométrica (Karpovich, 1985).

Kuzniecon (em Waszny, 1985) o caráter explosivo do esforço ao vencer uma resistência com a máxima aceleração possível, de força explosiva. De certa forma os autores supracitados estão acordes com esta nomeação.

Por força de resistência entende-se a força empregada durante um trabalho muscular prolongado, estático ou dinâmico (Hegedus, 1984) e indicada somente em % da força máxima existente em relação ao tempo (Holimann, 1983) Harre (em Werneck, 1986) definem este tipo de força como sendo a capacidade de resistência do organismo, em caso de performance de força de longa duração.

No desenvolver deste estudo bibliográfico, utilizaremos a divisão habitual da força em estática e dinâmica, entretanto, procuraremos nos reportar apenas a alguns aspectos do desenvolvimento da força dinâmica. Usaremos, por acharmos mais didática, a taxionomia dos fatores influenciadores deste tipo de força, segundo Hegedus (1984).

IDADE E SEXO

O fato de que muitos atletas olímpicos (arremessadores, levantadores olímpicos) competem com idade superior à dos demais competidores, demonstra que, a idade não limita o desempenho atlético em eventos onde predomina a força. Jok (1973) observa que além da idade existem outros fatores que em conjunto influem na eficiência desportiva.

A força muscular, na infância é verossímil para ambos os sexos até 10 anos (Hegedus, 1984) ou 12 anos para Fukununga (em Werneck, 1986) ou 14 anos segundo Waszny (1975). Partindo desses limites começa a manifestar-se a predominância dos meninos sobre as meninas; alteração atribuída ao fator hormonal, isto é, aos hormônios sexuais masculinos que, de acordo com Astrand (1980), podem ter influenciado positivamente sua força muscular.

É consenso, entre os pesquisadores que o pico da força máxima nos homens ocorre na idade compreendida entre 20 e 30 anos (Waszny 1975, Holimann 1983, Hegedus 1984, Werneck 1986, Astrand 1980) havendo um décimo significativo e acentuado a partir dos 30 anos e isto é válido para os homens que levam uma vida sedentária. A este respeito Peronne e Nadeau (1985) relatam que aos 40 e 50 anos há uma redução na força máxima de aproximadamente 10 a 20%, isto certamente favorece a tese de que nesta faixa etária o sedentarismo começa a se pronunciar de forma mais acentuada. No caso de indivíduos treinados, ditos valores permanecem em torno de um decênio a mais (Hegedus, 1984).

Asmussen (1973) verificou que as diferenças de força muscular entre meninos e meninas ao serem comparadas pela idade, são fundamentalmente devido a: aumento das dimensões anatômicas e resultado da maturação do SNC, já que a cada ano de idade a força aumenta de 5 a 10%.

Quando comparada com a média do grupo, efeitos hormonais, isto é da maturidade sexual, uma vez que os hormônios masculinos contribuem de forma significativa para estas diferenças.

A puberdade dos meninos ao contrário das meninas é associada a um incremento da produção de hormônios sexuais que influenciarão a musculosidade. Asmussen acredita que o ganho extra de força nos meninos seja resultado de câmbios quantitativos mais do que qualitativos na medida em que observou que a força muscular por cm^2 não difere significativamente entre os sexos.

Nas mulheres o pico máximo acontece por volta dos 14 e 18 anos (Holimann, 1983), ou 16 e 17 de acordo com estudos de Hegedus (1984). A força das mulheres situa-se em torno de 80% da força máxima dos homens (Astrand, 1980) e esta acentuada diferença deve-se ao fato de que nos homens há uma maior presença de testosterona (hormônio sexual masculino de efeito anabolizante) (Steomano 1979, Werneck, 1986).

Holimann (1983) analisando a diferença da força entre o homem e a mulher conclui que ela advem, especialmente no resultado.

Tem sido observado, com muita freqüência que em halterofilistas há um percentual maior de fibras entretanto Tesch (1981) evidenciou neste tipo de atleta, uma maior porcentagem de fibras no vasto lateral (51-63%) e no (59-71%). Já em 1972, Golinick et *alli* evidenciaram num estudo comparado entre indivíduos treinados e não treinados, um percentual de + 70% de fibras nos levantadores em relação as fibras do tipo.

Em estudos de Katch (1986) ficou demonstrado que nos halterofilistas estudados, o percentual de fibras do tipo chegava a 72%. No entanto Tesch (1981) e Fox (1979) evidenciaram que nas atividades de longa duração a predominância das fibras varia esse percentual (50-82%) de acordo com o nível do treinamento e a qualidade do atleta.

Este achado, isto é, um maior percentual de fibras em levantadores de peso é surpreendente, entretanto estudos de Golinick (1972) e (1973) reforçam a tese de Tesch e evidenciam que o fator composição de fibras pode não ser predominante nestes atletas.

Especificamente no desenvolvimento da força o que irá determinar aumento da fibra sobre ela, e a metodologia aplicada de certa forma (1979) reforça esta posição quando evidencia uma hipertrofia maior nas fibras em músculos submetidos a treinamento de força com movimentos lentos e o inverso, isto é, a força rápida hipertrofia as fibras.

As evidências nos mostram que os indivíduos portadores de um maior percentual de fibras são geneticamente favorecidos para eventos desportivos onde a velocidade e a força explosivas são predominantes. Astrand (1980) afirma que as fibras de contração rápida são particularmente importantes para a elaboração da força máxima. O potencial de um indivíduo relacionado com a capacidade de desenvolver: força é um dado genético na medida em que cada indivíduo nasce com uma quantidade de fibras musculares predeterminadas percentualmente, isto é supera a possibilidade de identificar-se o potencial atlético do indivíduo muito precocemente (Costill 1979).

Tesch (1981) questiona se a disposição das fibras musculares sendo um dado genético, não predispõe os atletas a eventos desportivos específicos assim como, uma forma de seleção natural. Ou será que esta disposição é um resultado da adaptação específica a uma atividade física específica.

Tesch (1983) admite que uma tendência consciente para as provas do potencial e/ou velocidade estaria associada a distribuição genética das fibras musculares.

MASSA MUSCULAR X FORÇA MUSCULAR

Existe uma correlação positiva entre o aumento da massa muscular e o incremento da força. Holimann (1983) encontrou nos halterofilistas um − 0.93 para o movimento de desenvolvimento (press), enquanto em outros atletas esta correlação era de 0.80 chegando a um em sedentários. Era de se esperar esta não-relação entre massa muscular e força entre os sedentários na medida em que o percentual de gordura destes indivíduos está bastante aumentado e a massa muscular não está trabalhada.

Na prática, podemos observar que o aumento da massa corporal magra (MCM) aumenta a força de forma absoluta. Em nossa experiência com o treinamento de força como participante e orientador, ao acompanharmos 12 atletas do sexo masculino com idade igual a 31.14 + 6.67 anos, uma correlação entre o peso e a carga movimentada (deadlift ou levantamento da terra) a I RM de = 0.82 (o 0.01). Mas quando retirarmos da amostra estudada os dois atletas menos assíduos ao treinamento preestabelecido a correlação aumentou para = 0.94 (o 0.01). Isto de certa forma é reforçado pelo estudo anterior que afirma existir uma relação direta entre massa muscular e força desenvolvida. Entretanto ao analisarmos o peso total em quilo de cada atleta, pela carga individual movimentada em quilo encontramos um = 0.98 o que nos indica que os atletas de menor peso corporal têm uma força relativa maior.

Do exposto, podemos concluir que o aumento do peso corporal conduz a uma redução da força relativa, no entanto, o incremento da força é sempre maior do que a hipertrofia dos músculos exercitados ou envolvidos no movimento.

Por outro lado, para Waszny (1975) o aumento do volume muscular dos músculos motores primários ou agonista do movimento conduz não apenas ao aumento da força absoluta como também ao incremento da força relativa. De qualquer forma Astrand (1980) sugere que a hipertrofia e a força muscular estão relacionadas com o aumento das proteínas (e miosina) e conseqüentemente com um aumento dos elementos contráteis por miofibrila.

Capítulo 11

CONSIDERAÇÕES FINAIS

CONCLUSÕES E RECOMENDAÇÕES

O primeiro passo na solução de qualquer problema é identificá-lo e aceitar sua gravidade. Que há uma alta taxa de desgaste entre nadadores de competição é um fato. Está provado que essa taxa é maior do que a encontrada, em qualquer outro esporte. Que esses fatos constituem um problema é um caso a discutir. A intenção deste trabalho é sustentar que uma taxa de abandonos muito alta é indesejável. Ela pode ser parcialmente explicada, através das variáveis discutidas aqui. Algumas das condições causadoras desta taxa de abandonos, são ainda mais indesejáveis por provocarem efeitos negativos a curto e longo prazos. Pode-se sustentar, porém, que algumas dessas condições podem ser corrigidas e que mais pessoas podem lucrar mais e por mais longo tempo como resultado de alguma forma de natação competitiva. Mesmo aqueles que se afastam muito cedo deveriam poder fazê-lo facilmente e lucrar de sua experiência embora limitada.

1 – Devemos estar alerta para as determinantes fisiológicas e anatômicas do desempenho. Nos pontos em que a pesquisa tem ainda muito a concluir, podemos prosseguir ou chamar a atenção dos pesquisadores para certos aspectos peculiares a natação que ainda não foram plenamente analisados. A compreensão desses aspectos pode ajudar-nos a

aconselhar nossos jovens nadadores mais sabiamente, ajudá-los a selecionar estilos, explicar variações no desempenho, explorar seus talentos peculiares e estabelecer objetivos realisticamente. Pode também ajudar-nos a escolher técnicos de treinamento com mais acerto.

2 – Detalhadamente a validade do sistema de grupos etários à luz dos nossos conhecimentos da grande variação de normalidade da maturação física (azul e vermelho, A e B, ouro-prata-bronze etc.). Em algumas áreas, combinações de grupos etários e de eficiência têm sido empregadas com sucesso. Em alguns esportes os grupos de eficiência predominam, isto é, dentro de uma determinada faixa etária existem diversos grupos de eficiência.

3 – Devemos reconhecer o estresse causado pelo crescimento rápido e insistir que jovens que também treinem intensivamente observem regras saudáveis de nutrição e repouso.

4 – A aquisição da habilidade deveria ser o objetivo para principiantes (de qualquer idade) possibilitando assim futuro desenvolvimento sobre bases firmes.

5 – Nadadores jovens não deveriam ser desencorajados da prática de outros esportes. A necessidade de especializar-se para obter sucesso não ocorre tão cedo quanto muitos esperam e deveria ser recomendado a partir da maturidade, talento e aspiração do indivíduo.

6 – Uso imaginativo de outras formas de treinamento deveria ser incentivado com o fito de avaliar a sensação de maçada causado pelo uso da mesma piscina. Muitos clubes satisfazem-se correndo ou fazendo corrida de resistência em outros locais que não sua própria piscina. Certos clubes até mesmo contratam uma piscina ou técnico por um dia.

7 – A maioria dos nadadores deveria ser encorajada a nadar os quatro estilos. Grande variedade deveria ser introduzida no treinamento e trabalhos mais fortes deveria ser incentivado em competidores maduros sem grandes alardes. Não há necessidade de dispender três horas com um treinamento de noventa minutos. Entremeie seu treinamento com bom humor e alegria.

8 – Tire o melhor proveito de torneios de revezamento, competições comemorativas, travessias de lago etc.
9 – Sempre que possível, envolva os competidores na tomada de decisão.
10 – Auxilie seus atletas na elaboração de objetivos realistas, ensine-os disciplina e persistência na busca desses objetivos.
11 – A mudança de clubes deveria ser vista como um processo salutar de seleção natural. Nadadores deveriam ser encorajados a buscar compatibilidade com sua equipe, treinador, ou clube. O recrutamento em outros clubes deveria ser tomado por interferência dos adultos nesse processo natural e, por isso, não tolerado.
12 – O crescimento de novos clubes deveria ser encorajado em locais onde pessoas encontram objetivos comuns; enfoques, objetivos e programas diferentes deveriam ser vistos como normal e condutores da seleção natural.
13 – A realização pessoal de objetivos deveria proceder às vitórias individuais, as marcações de pontos, vitórias do time, quebra de recordes.
14 – As naturais rivalidades pessoais e clubistas que surgem deveriam ser cuidadosamente guiados no sentido de permanecerem sadias e amistosas embora acirradamente disputadas na piscina.
15 – Planejar os incentivos progressivamente. Estar certo de que o prêmio está a altura do desempenho. Guarde o grande prêmio para o grande desempenho. Muitas associações legislam, por exemplo, que do oitavo colocado para baixo não há prêmios. Há limitações para competir. Viagens e competições inter-regionais são organizadas em graus, por exemplo: não há viagens fora da cidade para menores de 8 anos; na área do município apenas para crianças de 9 a 10 anos e viagens regionais para aqueles com 11 e 12 anos etc. Muitas associações nacionais impedem a participação de nadadores menores de 14 ou 15 anos em competições nacionais independentemente de sua habilidade. Outros têm tido sorte com ligações oficiosas para os mais jovens, sem viagem, uniformes ou programas incluindo pais.

16 – Organizar competições de categorias de veteranos de modo natural. Evitar capitalização em torno de competições para nadadores de 35 a 45 anos quanto para nadadores de 12 a 14 anos.
17 – Capitalizar as possibilidades sociais de fazer amigos, aprender a respeito de seu próprio desenvolvimento físico e o do sexo oposto. Não ficar embaraçado ao promover reuniões para seu clube ou após competições.
18 – Encorajar o pais a sustentar os filhos em termos de perspectivas. Não é o fim do mundo o fato de um menino de 13 anos perder uma prova.
19 – Fazer todo o possível para fazer do treinamento e competições algo agradável e divertido. Não dizer a um nadador o que ele tem de fazer para ir a uma olimpíada, mas deixar que ele diga o que deseja primeiro, somente então mostrar-lhe ou dizer-lhe até onde ele pode ir e como.
20 – Evitar dar importância e começar muito cedo. O tempo de vida de um nadador de altura internacional é de 5 a 6 anos; onde fica o nadador que atingiu seu ponto de saturação após 5 ou 6 anos se ele começou com a idade de 8 anos? Que os jovens evitem especializar-se antes de 14 e 15 anos, ensine-os bem mas mantenha-os em recreação. Contribuamos para que o auge da capacidade física de um nadador coincida com seu auge psicológico.

RESUMO

A atividade física é uma necessidade para manutenção da saúde. A natação é vista como uma das mais benéficas atividades nesse sentido. Compreender cooperação e competição como experiências sociais essenciais. Vamos fazer todo o possível para estruturar a natação competitiva no sentido de maximizar esses efeitos positivos e produzir experiências agradáveis que promoveriam atividade física contínua e integral.

O primeiro passo

1 – Para trabalharmos com criança, devemos conhecer as limitações.
2 – Limitações na criança, não poderá fazê-la um adulto e seu organismo está ainda em formação, sem condições de receber alta intensidade de trabalho.
3 – A criança deve ser desenvolvida aerobicamente, o que não causa danos ou problemas ao seu organismo.
4 – Crianças devem ser trabalhadas no exercício de acordo com uma escala de valores até formar como adulto, subindo pouco e não fazendo-a pular outro degrau.

ABSTRACT

The objective of this research is to analyze the fisical exercises toward childrens; how children grou when practece or not sports, in short, the physics education toward young atletes.

The stidies shows that"s important to a child, grow practing sports acording mental development, avoding all physiological problems.

This analysis must be considered by physical Education teachers and coach.

REFERÊNCIAS BIBLIOGRÁFICAS

1. A IDADE DO TREINO. A atividade precoce na Infância. Apostila da EEF VR RJ, 1983.

2. APOSTILAS na EEF. FOA.VR. Biologia do Treino e do Esforço das Crianças e dos Jovens, 1983.

3. ARIEL, G. & SAVILLE. W. Anabolic steroids the physiological effects of placebo. Med. SCI. Sports. 1972 Asmussen e Growth in muscular strength and power in Rarick G L ed Physical activity: Human growth and development. New York, Academic Press, 1973.

4. ARAÚJO, C. G. S. Medicina do exercício, Aspectos Endócrinos do exercício. Rev. Bras. Ciência do esporte 3 (3): 110-120, 1982.

5. ASTRAND, P. O. e RODHAL, K. Tratado de Fisiologia do Exercício Editorial Interamericana Ltda. 2ª edição, Rio de Janeiro, 1980.

6. AZEVEDO, E. e PRADO, V. A NOVA GERAÇÃO, Viva a Revista da Corrida, Editora Jornal do Brasil, 1976.

7. AZEVEDO, E.; HELENA, MINGUES E LIZETE. A Nova Metodologia da Aprendizagem da Natação. Revista Nadar ano IX n 75, junho 1994.

8. CATTEAU, R.; GAROFF G. O Ensino da Natação. 3ª ed., São Paulo, Editora Manole, 1980.

9. CHAVES, N. NUTRIÇÃO: Básica e aplicada, Rio de Janeiro, Guanabara Koogan, 1979.

10. COSTILL, D. A Scientific approach to distance runners. Track & Fieids News, 1980.

11. CURTIS, H. Biologia, Rio de Janeiro, Guanabara Koogan, 1977.

12. EDGERTON, V. R. & SIMPSON, D. IN: Medicine and Sport, 1972.

13. E.E.F.S.P. Prática de Ensino – Notas de Aula, São Paulo, 1977.

14. ERICKSON, B. O. Cardial Output During Exercise in Pubertal Boys. Acta Paediatric Scandinavian. Suécia (217) 53-55, 1972.

15. ESCOLA DE EDUCAÇÃO FÍSICA DA UNIVERSIDADE DE SÃO PAULO. Prática de ensino – notas de aula. São Paulo, PUC/SP, 1977.

16. FREITAS, MOURI DE CARVALHO. Fatores influenciadores da força muscular. Revista Artus nºs 18 e 19 – Rio de Janeiro 1987.

17. GOLINICK, P. D. et alli (1974) in: NADEAU, M. & PERONNET, F. Fisiologia aplicada na atividade física. São Paulo, Manole, 1985.

18. GUILLET, R. et alli: Medicina do esporte. São Paulo, Masson, 1983. Haralambie G. Characteristics of white and red muscles Medicine and Sport, 1972.

19. HAVIJHURST, R. J. Tarefas evolutivas das Crianças e dos ADOLESCENTES. Ver. Bras. De estudos pedagógicos (42):130-143, 1957.

20. HEGEDUS, J. La ciencia de entrenamento desportivo. Buenos Aires, Stadium, 1984.

21. HEGG, R & LUONGO, J. Elementos de Biometria humana. 2ª edição, São Paulo, Livraria Nobel, 1975.

22. IVANISSEVICH, ALICIA; FROSSARD, ROGÉRIO; CRENZEL GABRIELA. ODED, BAR ORR. O alto preço da vitória, Jornal do Brasil, Rio de Janeiro. 17/04/94 Caderno Saúde.

23. KATCH, F. I. & KATCH, V. L. Fast and siow twitch muscle fiber. Muscle Fitness, 1986.

24. KTAIS, C. E. & Lyon, M. J. A mulher atleta. Rio de Janeiro, Interamericana, 1981.

25. LAMP, D. Androgens ano exercise Med. Sci. Sports, 1976.

26. LOURENÇO, J. A. O Nadador Infantil – Considerações Fisiológicas. (Traduzido). Clínica Asca – Newsletter. USA, julho e agosto, 1982.

27. MAKARENKO, Leonid P. Natação seleção de talentos e iniciação desportiva. Porto Alegre. Artmed Editora, 2001.

28. MARCONDES, E. Crescimento normal e deficiente. 2ª ed., São Paulo, Sarvier, 1978.

29. MARCONDES, E.; BERQUÓ, E.; HEGG, R.; COLLI, A.; ZACCHI, M. A. S. Crescimento e desenvolvimento pubertário em crianças e adolescentes brasileiros. I Metodologia. São Paulo, Editora Brasileira de Ciências, 1982.

30. MARQUES, R.M.; MARCONDES, E.; BERQUÓ, E.; PRANI, R.; YUNES, J. Crescimento e desenvolvimento pubertário em crianças e adolescentes brasileiros. II altura e peso. São Paulo. Editora Brasileira de Ciências, 1982.

31. MARSHALL, W. A. & TANNER, L. M. Puberty *in*: DAVIS. J. A. & DOBBING, J. Eds Scientific – foundations of pediatrics, Philadelphia, Saunders, 1974.

32. MENEZES, ANA. CH.L. Influências Psicológicas da competitividade esportiva infantil. Jornal do bebê, São Paulo.

33. MIYASITA, Dr. M. Em que idade estabelece a melhor performance em natação? Revista nadar ano VII nº 49.

34. NAHAS, M. V. Competições e a Criança, Comunidade Esportiva, julho 2-5, 1981.

35. NUTRIÇÃO, controle de peso e exercício, Rio de Janeiro, Medsi, 1984.

36. ODED BAR ORR. Congresso Regional Brasileiro Ciências do Esporte. Criança e o Exercício. Escola de Educação Física de Volta Redonda – Rio de Janeiro, 1982.

37. PAINEL, SMEL. V. R. A competição e a Criança. Volta Redonda RJ.

38. PINI, M. C. Idade de Iniciação a Atividade Esportiva. (NMC PINI ed.). Fisiologia Esportiva, Rio de Janeiro, Guanabara, Koogan, 1978.

39. RARICK, L. Physical activit – human growth and development London, Academy Press, 1973.

40. Revista Técnica de Educação Física e Desportos. SPRINT, Rio de Janeiro (2), março-abril 1985.

41. SILVA, VERA L. S. Natação Competitiva é bom para as crianças? Revista Nadar ano VII nº 67, outubro, 1993.

42. SILVEIRA, M. T. Biometria aplicada à Educação Física / s.1 / SEED-MEC, 1983.

43. VAUGHAN, V. C. Groth and development. Inc: NELSON, W.W. Textbook of pediatrics, 2ª ed., Philadelphia, Saunders, 1979.

44. Temas de atualização em Medicina Desportiva e Educação Física. Rio de Janeiro, SMDGB 1973 Martin T P Biomechanics of Sport.

45. TERJUNG, R. Endocrine Response to Exercices. Exerc. Sports ver. 7:135-180, 1979.

46. TUBINO, M. J. G. Metodologia Científica do Treinamento Desportivo, Editora Ibrasa, 2ª edição, São Paulo, 1980.

47. ZAICHKOWSKY, L. D. Growth and development – the child and physical activit. St. Louis, C.V. Mosby, 1980.